당신의
아이디어는 왜
돈이 되지
않는가

좋은땅

당신의 아이디어는 왜 돈이 되지 않는가

90%의 창업 실패를 피하는
AI 비즈니스 씽킹 6단계

신병휘 지음

좋은땅

아이디어가 비즈니스의 장애물이 되는 이유

우리는 오랫동안 거대한 착각 속에 살아왔다. '아이디어가 비즈니스의 시작'이라는 믿음은 달콤한 환상일 뿐이다. 오늘도 창업가와 기업은 새로운 아이디어를 발굴하기 위해 사활을 건다. 열심히 일하는 것처럼 보이지만, 사실은 비즈니스의 본질인 '고객'에게서 멀어지고 있는 중이다. 그 결과, 실행되지 못한 아이디어가 쌓이고 실행 우선순위를 위한 수많은 회의로 이어진다. 결국 설익은 아이디어는 당신의 자본과 시간을 갉아먹는 가장 큰 장애물이 된다.

물론 모든 아이디어가 문제라는 뜻은 아니다. 고객의 고통을 해결하는 아이디어는 비즈니스의 성장 동력이 된다. 그러나 그런 아이디어는 우연한 발견에서 나오지 않는다. 쓸모 있는 아이디어는 '어떻게 고객을 도울 것인가?'라는 질문을 끊임없이 치열하게 고민한 결과여야 한다. 이 질문이야말로 비즈니스의 진정한 출발점이다. 거창하게 생각할 필요 없다. 지금 당장 주변 사람 한 명에게 "요즘 가장 불편한 게 뭐야?"라고 물어보는 것으로 시작하라. 고객을 돕겠다는 집요한 의지가 있어야 사소한 아이디어도 살아 움직이고, 수많은 반대와 비난을 뚫고 살아남을 수 있다. 이 책은 아이디어를 잘 만드는 법이 아니라 **아이디어가 돈이 되는지 빠르게 확인하는 법을** 다룬다.

누구나 최고의 방법론을 가질 권리

필자는 스타트업부터 대기업까지 창업 준비, 발굴, 성장 전략 수립 등의 프로젝트를 다수 수행해왔다. 흥미로운 점은 기업 규모가 크고 탄탄할수록 오히려 더 절박해한다는 사실이었다. 동시에 내부 노하우가 외부로 유출되는 것을 매우 꺼리고 경험을 자체적으로 축적하고자 했다.

투자 시장도 유사하다. 스타트업 초기 지분에 투자하여 수익을 내는 방식에서 한 걸음 더 나아간다. 단순 투자보다는 스타트업을 함께 키워갈 수 있는 실행 체계를 원하고 있다. 대표적인 사례가 '스타트업 스튜디오'이다. '스타트업 스튜디오'는 전통적인 인큐베이터나 액셀러레이터와는 달리, 외부 의존 없이 내부의 공유된 리소스 풀, 전문 지식, 네트워크를 활용해 아이디어 발굴, 검증, 구축, 출시까지 전 과정을 체계화한다. 이들은 축적된 성공 사례를 활용해 스타트업이 흔히 겪는 시행착오를 미연에 방지한다. 덕분에 투자한 회사의 성공 확률은 획기적으로 높아진다. 모두가 이런 검증된 육성 프로그램에 참여하면 좋겠지만, 현실에서 그런 기회를 잡기는 매우 어렵다.

앞서 말했듯이, 성공한 기업이나 투자자일수록 실패하지 않는 검증

시스템을 비밀리에 축적하고 있다. 그래서 높은 스타트업 실패율은 어쩌면 구조적인 결과일 수 있다. 검증된 노하우 없이 비즈니스를 시작하는 건, 눈을 감고 고속도로를 질주하는 것과 같다. 무모하고, 위험하며, 사고가 날 수밖에 없다. 그렇다면, 단기 교육을 넘어선 검증된 육성 프로그램, 노하우가 축적된 실행 방법론을 더 쉽게 접근할 수는 없을까? 이 질문이 바로 이 책을 쓰게 된 동기이다.

생성형 AI가 연 기회의 문

이런 시도는 생성형 AI(이후 'AI'로 통일하여 표현한다) 이전에는 어려웠을 것이다. 비즈니스 현장에서는 창의적인 아이디어 도출과 논리적인 비즈니스 모델 설계가 동시에 요구된다. 따라서 각 분야별 경력자의 협업과 전문가의 오프라인 코칭을 일정 기간 받아야 하기 때문이다. 그만큼 검증해야 할 일이 많고 시간도 오래 걸린다.

하지만 지금은 다르다. AI 덕분에 창의성과 비즈니스 논리를 AI와 함께 쉽고, 빠르게 그리고 높은 수준으로 실행할 수 있게 되었다. 이것은 단순한 기대가 아니라, 이미 전 세계적으로 증명되고 있는 거대한 흐름이다. 최근 'AI as Co - founder(공동창업자로서의 AI)'라는 논문의 연구진은 2021년부터 2024년 사이 중국 전역에서 설립된 기업을 분석했다. 그 수는 무려 1,280만 개에 달했다. [1]

---

1) Junhui Jeff Cai 외 5인, 〈AI as "Co - founder": GenAI for Entrepreneurship〉, arXiv preprint arX-
    iv:2512.06506, 2025.

ChatGPT 공개 이후, 창업 시장의 판도는 완전히 뒤집혔다. 대규모 기업의 설립은 줄어든 반면, 소규모 창업은 폭발적으로 급증했다. 연구 결과는 전체 신규 창업의 약 6%가 AI 덕분에 가능했다고 설명한다. 즉, '작고 빠르게 시작하는 회사'가 새로운 비즈니스의 표준이 되고 있는 것이다.

과거에는 규모가 곧 경쟁력이었다. 하지만 이제 그 시대는 저물고 있다. AI가 개발자이자 기획자, 때로는 마케터라는 '공동 창업자'의 역할을 대신해주기 때문이다. 덕분에 창업의 문턱은 낮아졌고, 팀은 가벼워졌으며, 자본의 제약은 희미해졌다. 이 거대한 변화의 중심에 경험이 부족한 '첫 창업자'들이 있다는 사실은 우리에게 시사하는 바가 크다.

이제 아이디어를 성공적인 비즈니스로 바꾸는 일은 더 이상 유명 투자사나 일부 기업만의 특권이 아니다. 많은 사람이 필요 없다. 조금의 관심만 있다면 혼자서도 좋은 결과물을 얻을 수 있는 길이 열린 것이다. 그래서 나는 이 책에서 소개하는 방법론을 'AI 비즈니스 씽킹'이라고 이름 붙였다.

지금 당장, 이 책이 필요한 사람들

따라서 이 책은 다음과 같은 세 그룹의 독자를 고려하였다.

첫째, **'첫 창업'을 앞둔 직장인/퇴직 예정자이다.** 투자유치보다 '당장의 수익'과 '유료 고객' 확보가 절실한 사람이다. 퇴사 후 누구나 "무엇을 하며 살아갈까"를 고민한다. 처음 창업을 결심했다면, 시작 전에 다양한 경로를 통해 정보 수집이 필요하다. 하지만 지금은 이전에 성공했던 스타트업 방식을 그대로 따라서는 안 된다. 과거에는 투자를 받고 일정 기간 매출 없이도 생존이 가능했지만, 이제는 그런 모델이 통하지 않는다. 투자금은 확보했지만, 유료 고객을 충분히 확보하지 못해 폐업으로 이어지는 사례는 흔히 볼 수 있다.

둘째, **초기 창업가이다.** 아이디어로 시작했지만 수익성이 고민인 사람이다. 스타트업은 초기 단계에 많은 에너지를 쏟는다. 그 결과 정부 지원금과 투자도 받는다. 하지만 문제는 그 이후에 발생한다. 실제 수익성이 부족해 진화하지 않는 경우가 많다.

셋째, **대기업 AI 전환을 담당하는 리더이다.** 대기업은 인력이나 자본이 스타트업에 비해 풍부하다. 다만 오랫동안 업무 절차에 익숙하며, 제조업 시대의 사업방식을 여전히 사용하고 있어서 오늘날의 복잡한 고객 문제를 해결하지 못하는 경우가 점점 늘어난다. 이제는 익숙한 논리 위에 고객 중심의 창의적인 접근법을 더해야 한다. AI는 이 둘을 강력히 연결해 준다.

'AI 비즈니스 씽킹'으로 더 빠르게, 더 쉽게, 더 놀랍게

AI는 더 이상 경쟁력을 높이는 옵션이 아니다. 업무 속도, 비용 구조,

의사결정 방식 전반을 바꾸는 기본 인프라가 되었다. 'AI 비즈니스 씽킹 6단계'는 고객중심의 창의적인 문제 해결력, 빠르게 시장 검증을 하는 방식 그리고 비즈니스 모델 수익화 전략을 AI와 함께하는 방법이다. 이 책을 다 읽고 나면 당신은 개발자 없이, 마케터 없이, 오직 AI와 함께 1주일 만에 내 사업을 검증하게 될 것이다. 이 책과 함께 더 많은 사람들을 돕고, 더 나은 해결책을 제시하는 비즈니스를 시작하길 바란다.

(그림)AI 비즈니스 씽킹 6단계

당신의 아이디어는 왜 돈이 되지 않는가

독자 여러분, 타이핑하지 마세요. 복사하세요.

이 책에서는 바로 실무에 적용할 수 있는 31개의 강력한 'AI 비즈니스 프롬프트'가 담겨 있습니다. 종이책을 보며 긴 영문/한글 명령어를 일일이 입력하는 번거로움을 덜어드리기 위해, 모든 프롬프트를 텍스트 형태로 모아둔 '디지털 프롬프트 북'입니다. 또한 프롬프트 업데이트는 웹페이지에서 계속 제공하고 있습니다.

책을 읽다가 필요한 순간, Ctrl+C(복사), Ctrl+V(붙여넣기)만 하면 됩니다.

QR 코드

목차

들어가며: 90%의 실패를 피하는 AI 시대의 비즈니스 씽킹 - 16

1부: 피플(People)

1단계: 동기 — 흔들리지 않는 비즈니스의 심장을 설계하라 - 36

2부: 프로덕트(Product)

3부: 비즈니스(Business)

90%의 실패를 피하는 AI 시대의 비즈니스 씽킹

한 기업이 시장에서 도태되는 것은 경쟁업체가 아닌 고객에 의한 것이다.

— 야나이 다다시(유니클로 회장)

불나방처럼 실패로 돌진하는 창업

아이디어는 넘쳐난다. 하지만 돈이 되는 아이디어는 드물다. 왜일까? 스타트업 분석기관 '스타트업 게놈(Startup Genome)'은 실패 원인의 핵심을 이렇게 정리했다. 스타트업의 90%는 실패한다. 9%나 19%가 아니라 90%다. 이는 단순한 통계가 아니다. 대부분의 창업이 실패로 끝난다는 냉정한 현실이다. 왜 이런 일이 벌어지는 걸까?

스타트업의 실패 요인은 다양하지만, 근본적인 원인을 살펴보면 단순하다. 고객이 원하지 않는 비즈니스 솔루션을 만들기 때문이다. 이 책

당신의 아이디어는 왜 돈이 되지 않는가

에서 정의하는 '비즈니스'란 모바일 앱이나 웹사이트 같은 IT 서비스뿐만 아니라, 오프라인 매장, 컨설팅, 교육, 자문, 용역 제공 등 지식 서비스까지 포함된다. 글로벌 시장 조사 기관 CB 인사이트(CB Insights)의 분석에 따르면, 스타트업의 실패 원인 1위는 기술적 결함이 아니었다. 2019년 분석 당시 전체 실패 사례의 42%가 '시장 수요가 없는 제품(No Market Need)', 즉 불필요한 솔루션을 만들었기 때문인 것으로 나타났다. 이 수치는 2021년 업데이트된 조사에서도 여전히 35%를 기록하며, 자금 부족이나 팀 불화 등을 제치고 부동의 1위를 차지했다.

즉, 창업가들은,

고객의 문제를 해결하기 전에,
자신의 아이디어에 먼저 몰입한다.

이토록 높은 실패 확률에도 불구하고, 창업은 계속된다. 2023년 국내 창업 기업 수는 123만 8,617개이다. 새로운 비즈니스에 도전하는 사람들은 매년 수십만 명씩 늘어난다. 그러나 5년 생존율은 30%[2]에도 미치지 못한다. 경쟁은 치열하고, 변화는 빠르며, 시장은 이미 충분히 포화된 상태다. 과공급의 시대, 비즈니스는 점점 더 어려워지고 있다.

많은 창업가는 시장을 상상으로 판단하고, 고객을 본인과 비슷한 사람으로 가정한다. 그러나 현실은 다르다. 막상 실전에 뛰어들면, 돈을

---

2) 중소벤처기업부, 「2023년 창업기업 동향」

지불할 고객의 목소리보다 자신의 아이디어에 더 많은 시간과 자원을 쏟는다. 그리고 "이건 분명히 성공할 거야."라는 희망 섞인 확신에 사로 잡힌 채 돌진한다. 하지만 결과는 대부분 똑같다.

불나방이 불빛을 향해 날아들 듯,
시장의 냉혹한 현실 앞에서 무너진다.

핵심은 아이디어가 아니다, 고객이다

비즈니스의 출발점은 항상 **고객의 문제와 그 해결**이어야 한다. 고객이 원하고, 돈을 지불할 이유가 있는 문제를 해결하는 것. 그것이 아니라면 아무리 좋은 아이디어도 실패할 수밖에 없다.

이제 질문을 바꿔야 한다. '이 아이디어가 괜찮을까?' 대신, '누구를, 어떻게 도울 수 있을까?'를 스스로에게 던져야 한다. 이 질문이야말로, 불나방이 되지 않기 위한 성공의 출발점이다.

이제 다르게 '비즈니스'하자

오랜만에 만난 지인은 50대 초반의 직장인이었다. 20년 넘게 한 조직에서 일했고, 일이 끝날 것이라 생각해본 적은 없었다. 하지만 퇴직과 함께 이런 질문이 남았다.

"이제 나는 무엇으로 먹고 살아야 하지?"

새로운 기술을 배우기엔 늦은 것 같았고, 여윳돈도, 창업 경험도 없었다. 그가 가진 것이라곤 오랫동안 직장에서 반복해 설명해왔던 업무 경험뿐이었다. 어느 날 그는 그 경험을 SNS에 글로 정리하기 시작했다. 누군가에게 말하듯 풀어냈다. AI는 그 생각을 문장으로 다듬고, 구조로 만들어주었다. 코딩도 복잡한 기술도 필요하지 않았다.

얼마 지나지 않아 요청이 들어왔다. 작성과 글과 비슷한 내용을 1주 후에 리포트로 정리해 달라는 부탁이었다. 실제 AI를 사용하면 하루만에도 가능했지만 3일 후에 전달해 주기로 하면서 다시 일을 시작했다. 이제 그는 자신을 퇴직자라 부르지 않는다. 이렇게 말한다.

"나는 AI와 공동 창업한 1인 기업가입니다."

비즈니스는 거창할 필요가 없다. 1인 기업부터 수조 원 매출의 대기업까지 해결해야 할 질문은 "우리는 고객을 어떻게 도울 수 있을까?"이다. 고객을 돕는 마음에 진정성이 있다면 경영학에서 강조하는 고객중심적 사고(Customer Oriented), 인간을 관찰하고 해결방안을 찾는 디자인 씽킹 방법론(Design Thinking)은 이미 갖추고 있다고 볼 수 있다. 거기에 더하여 가볍게 만들고 빠르게 측정하는 방식의 창업 방법인 린 스

타트업(Lean Startup) 같은 실행법을 익힌다면 창업을 위한 지식적인 면
은 충분하다.

새로운 정의

그러나 창업가가 훌륭한 방법론이 제시하는 절차를 따라한다고 해도
고객을 돕는 마음이 없다면 결과는 빛 좋은 개살구 같은 발표자료일 뿐
이다. 따라서 이 책에서 이야기하는 아이디어는 '다른 사람의 문제를 해
결할 방법'이고, 비즈니스는 '다른 사람을 돕고 돈을 받는 것'이라고 정
의한다. 이런 맥락으로 기업가 정신도 정의해 보면 단순하다. 기업가
정신이란 '다른 사람을 돕고자 하는 마음'이다.

- 아이디어 = 나의 기발한 생각 대신, **다른 사람의 문제를 해결할 방법**
- 비즈니스 = 내가 돈을 버는 것 대신, **다른 사람을 돕고 돈을 받는 것**
- 기업가 정신= 나의 도전정신 대신, **다른 사람을 돕고자 하는 마음**

이런 비즈니스는 다음과 같은 모습[3]이다.

도움을 준다

고객에게 도움을 주고 고객을 변화시킨다. 고객의 생각과 행동, 그리
고 삶의 조건이 달라진다. 고객이 변화하면 세상도 변화할 수 있다. 만

---

3) 세스 고딘의 저서 『마케팅이다』의 내용을 비즈니스 관점에서 해석하여 일부 수정하였다.

　　　　　당신의 아이디어는 왜 돈이 되지 않는가

약 우리가 당장이라도 누군가를 돕고 변화시킬 수 있다면 우리 모두 비
즈니스의 시작점에 있는 사람이다.

당장의 대가를 넘어선다

비즈니스는 반드시 돈을 받을 때만 성립하는 것이 아니다. 무료 강의
도, 비영리 활동도, 조직 내 변화도 모두 비즈니스가 될 수 있다. 실제 도
움을 주었다면, 고객은 결국 반응한다. 추천을 하거나, 다시 찾아오거
나, 스스로 당신의 가치를 증명한다. 이것이 돈을 지불하는 것으로 연결
된다. 지속 가능한 비즈니스는 이런 작고 진정성 있는 신호에서 자란다.

성공은 시장이 결정한다

아이디어가 있고, 솔루션을 만들었다고 상상해 보자. 이제는 그것으
로 생계를 유지하고 싶다. 하지만 사람들은 당신의 아이디어에 쉽게 반
응하지 않는다. 그 이유는 당신이 생계를 꾸려야 하기 때문일 수 있다.
사람들은 한두 번 도와줄 수는 있어도, 꾸준히 돈을 지불하려면 '지속적
인 가치'가 있어야 한다. 실제적인 도움이 반복적으로 있어야만 고객은
계속 지갑을 연다. 그런 고객이 늘어나야 비즈니스는 비로소 성공한다.

불평은 성장의 신호다

'무플보다 악플이 낫다'는 말처럼, 피드백이 없는 상태는 시장에서의
무관심을 의미한다. 불평은 좋아지고자 하는 욕구의 표현이다. 불평을

무시하면 현재에 머무르게 되며, 발전은 멈춘다. 성장의 첫걸음은 고객의 불만을 있는 그대로 인정하는 것이다. 이제라도 문제를 알았으니, 고쳐 나가면 된다. 불평을 두려워하지 말자. 그것은 고객이 여전히 관심을 갖고 있다는 신호다.

해마다 수천 개의 비즈니스가 탄생하고 또 사라진다. 이들의 실패는 대부분, 기능이 부족해서가 아니다. 고객이 자신의 삶을 어떻게 바꿔 줄지 몰랐기 때문이다. 따라서 이제는 달라져야 한다. 좋은 솔루션을 만드는 것만으로는 부족하다. 고객의 어려움을 돕는 비즈니스가 돼야 한다.

AI로 더 빠르게, 더 쉽게, 더 놀랍게

불과 2~3년 전만 해도, 기업 워크숍에서는 조에 속한 구성원들이 며칠씩 머리를 맞대야 아이디어를 도출하고 발표를 마무리할 수 있었다. 하지만 지금은 다르다. **생성형 AI(Generative AI)가 등장했기 때문이다. 이제 당신은 혼자가 아니다. AI는 컨설턴트처럼 시장을 분석해 주고, 10년 차 개발자처럼 코드를 짜 주며, 노련한 마케터처럼 카피를 써 준다.** 이 변화의 가장 큰 수혜자는 대기업이 아니라 스타트업일 것이다. 왜냐하면 대기업은 AI로 효율을 높이지만, 스타트업은 불가능했던 일들을 현실로 바꾸고 있기 때문이다. AI는 망할 가능성을 빠르게 걸러내는 데 매우 유용한 도구다.

더 빠르게: 일주일 걸리던 시장 조사가 반나절 만에

마켓 리서치 스타트업 '트렌드톡'은 ChatGPT를 사용해 2주 걸리던 조사를 3일로 단축했다. 구체적인 질문에도 신속하게 데이터를 확보할 수 있었다. 디자인 분야도 마찬가지다. 성수동 등의 핫플레이스와 상업 공간을 기획하는 기업 글로우서울(Glow Seoul)의 유정수 대표는 "과거에 1~2주 걸리던 공간 기획 시안 작업을 생성형 AI(미드저니 등)를 통해 1시간 이내로 단축하고 있다[4]"고 공개적으로 밝힌 바 있다. 맥킨지의 2023년 보고서에 따르면, AI를 활용한 기업들은 시장 조사와 계획 수립 단계에서 평균 60%의 시간을 절약했다.

더 쉽게: 경험이 없어도 모든 것을 혼자서

J비주얼스쿨의 정진호 대표는 그림 그리기와 비주얼 씽킹을 주제로 온·오프라인 워크숍을 진행하는 1인 기업가이다. 그는 2026을 위한 '100일 창작 캠페인'을 구상하며 이를 운영할 플랫폼인 '100D100D 사이트[5]'를 직접 구축했다. 마치 수백만 원을 들여 외주 제작한 듯한 고급스러운 디자인은 방문자에게 즉각적인 신뢰와 편의성을 주기에 충분했다. 말하는 대로 개발해 주는 AI 서비스 덕분이었다.

캠페인은 참가비 5만 원을 결제하고, 미션 성공 시 90%를 환불받는 구조로 발전할 예정이다. (창작 분야는 그림, 글, 음악, 사진, 영상 등 자

---

4) EO(이오) 채널 인터뷰 및 주요 경제지 인터뷰(2023 - 2024)
5) J비주얼스쿨 갤러리, https://jvibeschool.org/GALLERY/

유롭다.) 정 대표는 AI 도구 덕분에 비즈니스 사이트 구축의 장벽을 쉽게 넘었다. 이렇게 만든 사이트를 기반으로 별도의 광고비 없이 SNS 채널만으로도 성공적인 모객을 이뤄 낼 수 있었다. 테크 크런치 보고서에 따르면 1인 기업뿐 아니라 AI 도구를 활용한 스타트업은 초기 실패율이 30% 감소했다.

더 놀랍게: 혼자서도 연 매출 수십억 원의 비즈니스를[6]

네덜란드의 1인 기업가 대니 포스트마(Danny Postma)가 만든 '헤드샷 프로(Headshot Pro)'를 살펴보자. 그는 직장인들이 링크드인이나 사원증에 쓸 프로필 사진을 찍기 위해 사진관을 예약하고, 비싼 비용을 지불하며, 며칠을 기다려야 하는 '고통'에 주목했다. 그는 거대 자본이나 수십 명의 개발팀을 꾸리는 대신, AI 기술을 활용해 고객이 셀카 몇 장만 올리면 2시간 만에 최고급 스튜디오 품질의 프로필 사진을 만들어주는 서비스를 혼자서 개발했다.

결과는 놀라웠다. **직원 없이 혼자서 운영함에도 불구하고, 출시 1년 만에 연 매출 300만 달러(약 40억 원) 이상을 달성했다.** 과거였다면 전

---

6) Yuma Ueno, "Danny Postma, an entrepreneur who earns nearly $3.6 million a year developing AI products alone," Medium, Feb 4, 2024; "Breaking down Danny Postma's SEO strategy for Head-shotPro," Indie Hackers, May 26, 2023.(대니 포스트마는 별도의 투자 유치 없이 1인 개발(Indie Hacking) 방식으로 AI 서비스들을 연달아 성공시키며 연간 약 360만 달러(한화 약 48억 원) 이상의 매출을 기록한 것으로 알려져 있다. 그는 초기에는 직원 없이 자동화 툴과 프리랜서만으로 운영하다가, 매출 규모가 커진 이후 소수의 필수 인력만을 채용하는 '초경량 조직'을 유지하고 있다.)

  당신의 아이디어는 왜 돈이 되지 않는가

세계에 스튜디오를 임대하고, 사진작가와 보정 인력을 고용하느라 수
백억 원의 자본이 필요했을 비즈니스다. 하지만 그는 AI를 통해 이 모든
물리적 제약과 비용을 '0'에 가깝게 만들었다. 대니 포스트마는 복잡한
코딩 기술을 과시한 것이 아니다. "사람들이 돈을 내고서라도 해결하고
싶은 문제(비싼 스튜디오 촬영)"를 AI라는 도구로 가장 심플하게 해결
했을 뿐이다. 이제 중요한 것은 '자본'이 아니다. 돈이 되는 문제를 포착
하고 AI로 구체화하는 '실행력'이다.

불과 몇 년 전만 해도 아이디어를 기획하려면 팀 단위로 며칠씩 회의
를 해야 했다. 지금은 한 사람이 반나절 만에 AI와 함께 기획하고 전략
을 완성할 수 있다. AI와 함께라면 더 이상 혼자 고민할 필요가 없다.

비즈니스는 더 빨리 시작되고, 더 잘 성장할 수 있다.
지금은 그런 시대다.

피플, 프로덕트, 비즈니스와 6단계 실행 지침

성공적인 비즈니스는 결국, 다른 사람에게 얼마나 깊이 관심을 가지
느냐에서 시작된다. 누군가의 문제에 진심으로 주목할 때 비로소 고객
을 위한 비즈니스를 만들 수 있다. 좋은 비즈니스는 고객의 삶을 바꾸
고, 그 변화는 자연스럽게 성장으로 이어진다. 이 책은 이런 창업 과정
을 피플(People), 프로덕트(Product), 비즈니스(Business)의 세 영역으

로 정리하였다. 누구나 쉽게 따라갈 수 있도록 **6단계 실행 지침**으로 구성하였다. 피플, 프로덕트, 비즈니스의 각 요소는 다음과 같은 단계로 구체화된다.

먼저 **피플**이다.

피플은 '다른 사람의 문제'에서 출발한다. 누구를, 어떻게 도울 것인가에 집중하면서 고객을 이해하고, 창업가 자신의 동기를 분명히 하는 과정이다. 피플 단계에서 점검 질문은 "누구를 어떻게 도울 것인가?"이다.

실행지침

1단계. 동기 - 흔들리지 않는 비즈니스의 심장을 설계하라.

2단계. 문제 - 고통은 돈이 된다.

점검질문. 누구를 어떻게 도울 것인가?

두 번째는 **프로덕트**이다.

프로덕트는 아이디어를 구체화하는 단계다. 문제와 해결책은 아직 가설에 불과하며, 실제 고객에게 유효한지 검증해야 한다. 이 아이디어가 고객의 삶에 어떤 가치를 주는지, 고객은 이를 위해 실제로 돈을 지불할 의사가 있는지 실험을 통해 검증해야 한다. 그 결과에 따라 아이디어를 강화하거나 수정하게 된다. 프로덕트 단계에서의 점검 질문은 "문제는 해결되었는가?"이다.

     당신의 아이디어는 왜 돈이 되지 않는가

실행지침

3단계. 솔루션 - AI로 한 시간 만에

4단계. 시장검증 - 실패확률을 0%로 줄여라.

점검질문. 문제는 해결되었는가?

마지막은 **비즈니스**이다.

비즈니스가 성장하려면 고객이 비용을 지불한 뒤 다시 돌아오는 '반복 가능 구조'가 만들어져야 한다. 초기 판매가 아니라 재구매와 추천이 진짜 성장을 만든다. 고객은 도움을 받았을 때 기꺼이 돈을 지불하고, 만족했을 때 재구매하거나 다른 사람에게 추천한다. 이러한 흐름 속에서 아이디어는 비로소 지속 가능한 비즈니스로 전환된다. 비즈니스의 핵심은 고객이 자발적으로 행동하는지 확인하고 그 행동을 반복 가능한 구조로 만드는 것이다. 비즈니스 단계에서의 점검 질문은 "돈을 지불하고 다시 돌아오는가?"이다.

실행지침

5단계. 수익화 - 돈버는 구조를 AI로 설계하라

6단계. 측정 - 성장을 증명하는 숫자와 스토리

점검질문. 돈을 지불하고 다시 돌아오는가?

이것이 'AI 비즈니스 씽킹'이다

『AI 비즈니스 씽킹』의 6단계는 디자인 씽킹의 창의적 문제 해결력, 린 스타트업의 시장 검증 방식, 그리고 비즈니스 모델 설계의 수익 전략을 하나의 흐름으로 통합한 실행 프레임워크이다. 실제 다양한 조직에서 실무 워크숍을 진행하며 얻은 결과다. 형식적인 절차는 과감히 제거하고, 성과를 만들었던 방법들만 엄선해 반영하였다. 특히 이 6단계의 전 과정에 AI로 검증하는 것을 포함하여, 복잡한 문제를 다양한 관점에서 빠르게 검증할 수 있도록 구성했다. 이것이 바로『AI 비즈니스 씽킹』이 제안하는, AI시대의 새로운 비즈니스 시작 방식이다. 이제 1부에서부터 아이디어를 검증 가능한 사업 가설로 바꾸는 첫 프레임을 다룬다.

    당신의 아이디어는 왜 돈이 되지 않는가

성공적인 비즈니스를 만들기 위해서는 다양한 방법을 효과적으로 동원해야 한다. 그중에서도 최고는 단연 AI이다. 하지만 AI는 도구이다. 인간이 목표를 정해서 요청하지 않으면 아무것도 만들어 주지는 않는다. 대신, 우리가 원하는 결과를 얻기 위해 '프롬프트(prompt)'를 입력해야 한다. AI 활용을 극대화하기 위해 프롬프트에 대해서 간단히 알아보자.

프롬프트란?

프롬프트는 간단히 말해 AI와 대화할 때 사용하는 질문이나 명령어다.[7] 우리가 AI에게 원하는 정보를 요청하거나, 특정 작업을 시킬 때 사용하는 출발점이 되는 문장이다. 예를 들어, AI에게 "오늘 날씨 어때?"라고 물으면, 이 질문이 프롬프트다. 또 다른 예로, 검색창에 "최근 인기 영화 추천"이라고 입력하는 것도 프롬프트다. 이처럼 프롬프트는 AI가 우리의 의도를 이해하고, 그에 맞는 결과를 도출하도록 돕는 의사소통 도구다.

비즈니스를 준비하거나 운영할 때, AI를 활용해 아이디어를 구체화하고 전략을 수립할 수 있다. 하지만 효과적으로 활용하기 위해서는 정

---

7)   위키독스(WikiDocs), "프롬프트란 무엇인가요?", https://wikidocs.net/book/17200

확하고 구체적인 프롬프트 작성이 필요하다. 프롬프트는 단순히 AI에게 정보를 요청하는 수준을 넘어, 비즈니스의 방향성을 설정하고 창의적인 해결책을 의논하는 공동 창업자이다. 예를 들어, 새로운 아이디어를 구상 중이라면, AI에게 이렇게 요청할 수 있다.

- "요즘 MZ세대가 겪고 있는 어려움은 무엇일까?"
- "중년들의 자동차 선택시 가장 많이 고려하는 것을 조사해 줘."
- "카페 창업을 위한 차별화된 메뉴 아이디어를 추천해 줘."

이러한 질문은 AI가 단순히 정보를 제공하는 것을 넘어, 아이디어의 방향성과 전략까지 고민할 수 있도록 돕는다. 이런 AI를 사용하지 않을 이유가 있을까? 프롬프트를 잘 작성하기 위해서는 몇 가지 방법을 소개한다.

프롬프트 작성 지침

1. 명확하고 구체적으로 질문하라

애매하고 모호한 질문은 기대한 답변을 얻기 어렵다. 구체적인 상황과 목적을 명확히 해야 한다.

- "아이디어 좀 알려 줘." → 너무 막연하다.
- "친환경을 활용한 비즈니스 아이디어를 추천해 줘." → 구체적이고

 당신의 아이디어는 왜 돈이 되지 않는가

명확하다.

2. 결과물을 명확히 제시하라

AI에게 기대하는 결과물이 무엇인지 명확하게 알려 줘야 한다.

- "창업 아이디어 5가지를 표로 정리해 줘."
- "트렌드 분석 결과를 보고서 형태로 작성해 줘."

3. 조건과 제한을 추가하라

프롬프트에 조건이나 제한을 추가하면 더 정교한 결과를 얻을 수 있다.

- "MZ세대를 타깃으로 한 온라인 쇼핑몰 아이디어를 알려 줘. 예산은 1,000만 원 이하로 제한하고, 마케팅 전략도 포함해 줘."

프롬프트 활용의 예시

1. 시장 조사 및 트렌드 분석

- "2026년 주목해야 할 스타트업 트렌드를 알려 줘."
- "친환경 시장의 성장 가능성에 대해 분석해 줘."

2. 아이디어

- "재택근무족을 위한 새로운 서비스 아이디어를 제시해 줘."

- "5060을 위한 비즈니스 아이디어를 추천해 줘."

3. 마케팅 전략 수립

- "SNS를 활용한 저비용 고효율 마케팅 전략을 알려 줘."
- "브랜드 스토리를 효과적으로 전달할 수 있는 콘텐츠 기획안을 작성해 줘."

4. 문제해결을 위한 방법 학습

(디자인 씽킹) 나는 새로운 솔루션을 만들고 싶어. 하지만 어떻게 시작해야 할지 모르겠어. 디자인 씽킹 방법을 설명해 주고 이 방법론을 활용해 어떻게 절차를 진행해야 할지 알려 줄 수 있어?

문제 해결 방향을 제시하는 강력한 도구

AI는 입력된 프롬프트를 바탕으로 답변을 생성한다. 따라서 프롬프트가 명확하고 구체적일수록 AI는 더 적합하고 가치 있는 정보를 제공할 수 있다. 중요한 것은 단순히 AI의 답변에 의존하는 것이 아니라, AI가 제공한 결과를 기반으로 새로운 인사이트를 얻고 창의적인 해결책으로 발전시키는 일이다.

프롬프트는 단순한 질문이 아니다.

이는 비즈니스 전략을 구체화하고,

문제 해결 방향을 제시하는 강력한 도구다.

프롬프트를 통해 우리는 시장의 흐름을 빠르게 파악하고,
고객의 니즈를 정확히 이해하며,
구체적인 실행 전략을 수립할 수 있다.

이제 더 이상 막연한 아이디어에 머물지 말자.
이 책의 각 단계에서 제시하는 명확하고 구체적인 프롬프트로 AI를
움직이면,
AI는 도구를 넘어 더 없이 신뢰할 수 있는 동업자가 되어 줄 것이다.

1부

피플(People)

동기 — 흔들리지 않는 비즈니스의 심장을 설계하라

비즈니스의 목적은 고객을 창출하는 것이다.
— 피터 드러커(Peter Drucker) —

아이디어의 출발점은 강력한 동기이다. 왜 이 아이디어를 실현하고 싶은지, 어떤 문제를 해결하고자 하는지를 명확히 해야 한다. 동기는 비즈니스 전 과정의 추진력이 되며, 어려움 앞에서도 포기하지 않게 만드는 원천이다.

'1년 안에 이 차 탄다!'라는 목표의 함정

'돈을 벌고 싶다'는 바람은, 많은 경우 비즈니스의 강력한 시작이 된다. 하지만 동시에 그 동기가 오래갈 수 있을까? 하는 의문도 든다.

군대를 막 제대한 20대 후반의 한 청년을 만난 적이 있다. 그는 자신

 당신의 아이디어는 왜 돈이 되지 않는가

만의 비즈니스를 위해 다니던 회사를 그만두고 창업을 시작했다. 창업 이유를 묻자, 그는 망설임 없이 말했다.

"돈을 많이 벌고 싶어서요."

그의 사무실 책상 위에는 제네시스 G90 사진이 붙어 있었고, 그 아래에는 비장한 글씨로 이렇게 적혀 있었다.

1년 안에 이 차 탄다!

동기는 출발선이 될 수도 있고, 멈춰서는 핑계가 되기도 한다. 그렇기 때문에 자신이 무엇을 위해 시작했는지를 돌아보는 일은 중요하다. 이 청년에게 있어 G90은 차가 아니라 창업의 상징이자 목표였다. 물론 모든 사람이 자동차를 사기 위해 창업하는 것은 아니다. 그러나 누구에게나 비즈니스를 시작하게 만든 '무엇'은 있다. 높은 실패 확률에도 불구하고, 사람들을 다시 도전하게 만드는 창업 동기는 대체 무엇일까?

도전하기 위해

비즈니스는 세상을 바꾸는 도전이다.

테슬라의 일론 머스크나 아마존의 제프 베조스처럼, 자신만의 아이디어로 세상에 영향력을 미치고 성공할 수 있는 무대이기도 하다. 힘든 과정을 거쳐 반드시 필요한 비즈니스로 성장했을 때, 성취감과 인정, 재정적 보상이 따라온다. 이는 결국 사회와 국가를 번영하게 한다. 정부와 지자체, 민간 기업들이 창업을 지원하는 이유도 여기에 있다. '도전'은 창업의 강력한 이유가 된다.

멋져 보여서

뉴스나 SNS 속의 창업가는 멋있다.

무대에서 발표하고, 자유로운 시간 속에서 일하며, 높은 수입을 올리는 모습은 사람들을 자극한다. 대기업에서 수년간 사원으로 일하는 대신, 20대부터 CEO라는 타이틀을 가진다. 한 번의 인터뷰만으로도 '창업가'는 주목받는 인물이 된다. 이런 경우 창업 동기는 '과시'다.

비자발적 퇴직으로

직장인은 누구나 퇴직을 겪는다.

매년 100만 명이 은퇴하고, 20~30대의 조기 퇴사도 흔한 일이 되었다. 퇴직 후 잠시 쉼을 갖는 시간을 지나면, 자연스럽게 '앞으로 무엇을 하며 먹고살까'를 고민하게 된다. 이직 또는 창업. 창업을 선택한 이들에게 동기는 명확하다. 생계를 위한 '돈벌이'이다.

신규 비즈니스로

직장인은 때로는 새로운 사업을 위한 과제를 맡는다.

기업은 끊임없이 비즈니스를 개선해야 하고, 변화를 주도하는 혁신이 필요하기 때문이다. 그래서 사내벤처나 분사 형태로 창업을 장려하기도 한다. 이런 경우 비즈니스의 동기는 '조직 내 인정'과 '월급외 보너스'이다.

사람들은 도전, 생계, 인정, 그리고 돈을 위해 새로운 비즈니스를 시작한다. 중소벤처기업부가 2024년에 발표한 자료에 따르면, 창업기업들의 주요 동기는 다음과 같다.

'더 큰 경제적 수입을 위하여(65.0%)',

'적성에 맞는 일이기 때문에(49.9)',

'장기 전망이 유리해서(22.6%)'

이 모든 동기는 분명 의미 있는 출발점이다. 하지만 그보다 더 근본적이고 지속 가능한 동기가 필요하다는 것을 느꼈다. 그런 고민 속에서 필자는 **창업에는 또 다른 동기**가 있음을 발견하게 되었다. 스스로 높은 만족감을 느낄 수 있고(인정), 오랫동안 지속할 수 있으며(지속성), 실제 수익도 창출할 수 있는(수익성) 새로운 동기였다. 그것은 바로 **다른 사람을 돕는 것**'이다.

최고의 비즈니스 동기

"돈을 벌고 싶은가? 그렇다면 역설적으로 '돈'을 잊어야 한다. **고객은 자신의 지갑을 노리는 사람에게는 냉정하지만, 자신의 문제를 해결해 주는 사람에게는 기꺼이 팬이 된다.** 이타심은 착한 마음이 아니라, 가장 고도화된 생존 전략이다. 대부분의 창업가들은 먼저 돈을 벌고자 한다. 창업가가 직장생활을 경험했다면 시장분석, 고객분석 등 분석적인 작업을 마친 후 솔루션을 만들고 인터넷 광고를 시작한다.

기업에서는 비즈니스는 마치 군사작전과 같다고 생각하기도 한다. 고객을 정복해야 할 대상으로 여기고, 판매를 전투로 생각한다. 그래서 그런지 기업 조찬모임에서는 '손자병법'이 단골 주제였다. 비즈니스를 군사작전으로 생각할 때 상대방을 정복하고 경쟁자를 이겨야 하는 대상으로 바라볼 수밖에 없다.

하지만 비즈니스는 전투도, 전쟁도, 시합도 아니다.
비즈니스는 '공감'이라는 이름의 게임이다.

여기에서 말하고자 하는 것은 성공적인 비즈니스가 어떻게 작은 공감에서 출발했는지를 되짚어 보려는 것이다. '공감을 얻어야지!'라고 마음먹는다고 공감을 얻기 어렵다. 회사에서는 고객분석을 위한 공감지도[8]를 아무리 그려도 정작 좋은 결과를 얻지 못하는 이유가 여기에 있다. 사실 공감은 다른 사람을 돕고자 하는 마음이 있을 때 얻을 수 있다.

한국의 대기업은 고객가치와 지속가능성을 지향하지만, 성과가 낮은 임원은 가차 없이 퇴직 통보를 받거나 전혀 전문성과 상관없는 곳으로 인사발령을 받는다. 이를 잘 아는 대기업 구성원은 고객의 근본적인 문제보다 단기적으로 성과를 만드는 이벤트에만 몰두할 수밖에 없다. 스타트업도 다르지 않다. AI, 블록체인, 양자컴퓨팅 등 화려한 기술을 좇으며, 자금 확보에 급급한 경우가 많다. 하지만 중요한 건 기술 자체가 아니다. 그 기술이 사람들의 삶에 **어떤 혜택을 줄 수 있느냐가** 관건이다.

다시 묻는다, 비즈니스 모델이란 무엇인가

『비즈니스 모델의 탄생』[9]에서 알렉산더 오스터왈더는 비즈니스 모델을 이렇게 정의한다.

---

8) 공감지도(Empathy Map)는 데이브 그레이(Dave Gray)라는 정보 디자이너이자 경영 컨설턴트가 제작한 도구이다. 그는 엑스플레인(XPLANE)이라는 시각적 사고 컨설팅 회사의 설립자로, 조직과 팀이 복잡한 문제를 해결하고 고객 중심의 솔루션을 구현할 수 있도록 돕기 위해 공감지도를 만들었다. 고객이 더 깊이 이해하기 위해 듣는 것(Hear), 보는 것(See), 생각과 느낌(Think & Feel), 말하는 것과 행동(Say & Do), 통증점(Pain), 욕구(Gain)의 6가지 주요 항목으로 구성된다.

9) 『비즈니스 모델의 탄생(Business Model Generation)』은 스위스의 경영학자 알렉산더 오스터왈더 (Alexander Osterwalder)와 이브 피뉴르(Yves Pigneur)가 공저한 책으로, 전 세계 기업가와 경영자들에게 가장 널리 쓰이는 비즈니스 모델 캔버스(Business Model Canvas, BMC) 개념을 정립한 책이다.

"비즈니스 모델이란 기존의 것을 모방하거나 벤치마킹하는 것이 아니라, 전혀 새로운 가치를 창출함으로써 수익을 만들어 내는 메커니즘이다. 이는 고객의 불만이나 새로운 욕구를 충족시키기 위한 독창적인 구조다."

여기서 핵심은 '수익을 창출한다'가 아니라, **'새로운 가치를 창출한다'는 점**이다. 고객이 인지하지 못한 욕구를 발견하고, 그것을 해결하는 데 집중해야 한다. 문제는 많은 창업가들이 이 순서를 거꾸로 생각한다는 것이다. '내가 돈을 벌기 위해 고객을 어떻게 설득하지?'라는 질문부터 던진다. 하지만 고객은, 자신을 수단으로 삼는 사람보다 진심으로 도와주려는 사람을 알아보기 마련이다. 고객을 설득해 수익을 올리는 비즈니스와, 고객을 도운 결과로 수익이 발생하는 비즈니스는 완전히 다르다.

"고맙습니다"라는 말은 비즈니스가 될 수 있다

비즈니스는 거창한 아이디어에서만 시작되지 않는다. 누군가에게 진심으로 도움을 주고 "고맙습니다."라는 말을 들었던 경험, 거기서 시작된다. 우편 배달, 음식 배달, 청소, 간병, 육아, 중고거래, 진로 상담 등 수많은 일들이 그렇다. 과거에는 사소한 호의였지만, 지금은 그 자체로 큰 비즈니스가 되었다.

처음엔 작은 서비스일지라도, 고객이 "정말 도움이 됐다."고 느끼는 순간, 그것은 비즈니스가 된다. 혹시 지금 '무엇을 하며 먹고살지' 고민하고 있다면, 이렇게 자문해 보자. **"내가 누군가에게 고맙다는 말을 들었던 일이 있는가?"** 만약 있다면, 이미 당신은 첫발을 잘 내디딘 셈이다. 그리고 그것은, 비즈니스의 훌륭한 시작이 될 수 있다.

다른 사람을 도우려면 프로가 돼야 한다

비즈니스에서 말하는 '다른 사람'이란 물론 고객이다. 우리가 고객을 돕고 싶다면, 친절이나 열정만으로는 부족하다. 비즈니스는 결국 '도움'의 반복이 있어야 한다. 도움을 반복하려면, 제공하는 사람은 프로여야 한다. 많은 사람들이 창업을 시작하며 이렇게 말한다. "저는 이 분야에 열정이 있습니다." 물론 열정은 출발점으로 중요하다. 그러나 열정만으로는 비즈니스를 지속할 수 없다. 열정은 필요조건일 뿐, 충분조건이 아니다. 열정은 프로가 되기 위한 에너지이고, 그 에너지를 지식과 경험으로 바꿔야만 고객을 돕는 수준에 이를 수 있다.

프로란 누구인가?

많은 사람들이 프로를 '좋아하는 일을 하는 사람'이라고 생각한다. 하지만 현실속의 프로는 다르다. 진짜 프로는 **하기 싫은 일도 해내는 사람**이다. 하기 싫은 일도 책임감 있게 완수해 내는 것이 프로이다. 감정에 휘둘리지 않고, 상황에 흔들리지 않으며, 맡은 일을 제시간에 끝내는 사람. 이런 사람이 바로 '프로'다.

언어적 의미에서도 차이는 분명하다. '아마추어(Amateur)'는 라틴어 '아모르(Amor, 사랑)'에서 유래했다. 즉, 아마추어는 '사랑하는 일만 하는 사람', 반면 프로는 **'해야 할 일을 사랑하는 법을 배운 사람'**이다.

- 아마추어는 자신이 좋아하는 일만 택한다.
- 프로는 해야 할 일을 선택하고 끝까지 책임진다.

이 차이는 직접 실력과 신뢰의 차이로 이어진다. 프로는 결과로 말하고, 책임으로 신뢰를 쌓는 사람이다. 프로가 되는 길은 거창하지 않다. 사랑하는 일을 찾아 헤매지 말고, 지금 하고 있는 일을 사랑할 방법을 찾아야 한다. 그중 가장 현실적인 방법이 바로 '투자'다. 시간과 노력을 들여 일을 깊이 파고들면, 자연스럽게 애착이 생기고 실력이 따라온다. 주식 투자에서 자주 언급되는 '확증편향(Confirmation Bias)'이 이 원리를 보여준다. 사람은 자신이 투자한 기업에 대해 좋은 정보만 눈에 들어온다. 왜일까?

그 일에 관심과 책임이 생겼기 때문이다. 이 편향은 투자 판단에는 주의해야 할 현상이지만, 일을 사랑하게 만드는 데는 유용하게 작용할 수 있다. 즉, 일을 좋아해서 몰입하는 것이 아니라, 몰입하다 보니 일을 좋아하게 된다.

직장 경력이 있다면, 이미 당신은 프로의 기반을 갖고 있다

오랜 시간 직장 생활을 해 본 사람이라면 누구나 공감할 것이다. 일을 하면서 수많은 문제를 겪었고, 아쉬움을 느꼈고, 불만도 있었다. 하지만 바로 그 경험이 **훌륭한 비즈니스 아이디어의 출발점**이 될 수 있다.

- 반복해서 마주한 고객의 불편함
- 시스템의 비효율성
- 현장의 괴리감

이 모든 것들은 **누구보다 깊이 고민했던 사람만이 가질 수 있는 통찰**이다. 그리고 그것은, 그 분야의 프로가 될 자격이기도 하다.

직장은 최고의 비즈니스 스쿨이다

"나는 직장 생활을 너무 오래 해서 창업에 실패했다."
"나는 직장 생활을 오래 했기 때문에 성공할 수 있었다."

정반대의 두 진술은 왜 동시에 존재할까? 차이는 '직장을 어떻게 바라보았는가'에 있다. 퇴직 이후 창업에 성공하는 사람들은 특별한 무언가를 배운 게 아니다. 그들은 자신이 해 오던 일을 깊이 관찰하고 해석한 사람들이다. 당장은 퇴직 후 생계를 위해 투잡이나 주말 창업 세미나에 눈길이 갈 수 있다. 하지만 정말 중요한 것은, 지금 내가 있는 자리에서 현실 비즈니스의 구조를 읽어내는 힘이다.

매일 출근하는 곳이 바로 살아 있는 비즈니스의 현장이다. 거기엔 고객이 있고, 상품이 오가며, 매출과 비용이 실시간으로 기록된다. '돈을 받으면서 배우는' 최고의 비즈니스 스쿨이다. 당신이 회사에서 겪은 '비효율'과 '불만'은 스트레스가 아니다. AI에게 입력할 수 있는 가장 비싼 '현장 데이터'다. 특히 내가 경험하고 있는 업종과 창업하려는 업종이 같다면, 지금의 회사는 **월급을 받으며 배우는 창업 연습장**이 되는 셈이다.

디버(Dver)는 사내 창업의 전형적인 사례이다. 2018년 LG유플러스 사내 벤처 1기로 출발하여 설립된 디지털 물류 스타트업이다. 디버는 크라우드 방식의 배송 중개 플랫폼 디버와 기업별 또는 건물별로 보유한 물류 전용 공간을 디지털화 하는 디지털 메일룸 서비스 'DPOST'를 운영하고 있다. 디버의 장승래 대표는 LG유플러스 재직 당시 자신의 막내 팀원이 매번 자리를 비우고 사라지는 것을 보고 의문을 품게 되었다. 알고 보니 퀵 서비스 호출, 우편 발송, 택배 수령 같은 잡무 때문이었다. 심지어 물건의 입출고 정리까지 도맡다 보니, 정작 본연의 업무는 손도 대지 못하고 있었던 것이다. 이를 도우려고 절차를 확인해 보니 참으로 답답한 물류 시스템이었다.

기존에 물류를 위해 일하는 사람들이 아주 낮은 처우, 불안전한 업무 환경, 정산의 비시스템화 등등으로 고통받고 있다는 것을 알게 되었다. 물류를 디지털화 함과 동시에 효율화하면서 다양한 배송은 하나의 비즈니스로 탄생하였다. 이후 창업 5년 만에 누적 투자 75억, 매출액 104억을 돌파했고 이후로도 계속 성장할 것으로 예상된다.

문제점은 비판보다 관찰로 바라보자

직장 생활을 하다 보면, "왜 저렇게밖에 못 하지?"라는 불만이 생길 수 있다. 하지만 이제는 시각을 바꿔 보자. 그 현장은 비판의 대상이 아니라 케이스 스터디의 대상이다. 어떤 과정을 거쳐 문제가 발생했는지, 어떻게 개선하면 좋을지를 관찰하라. 이 과정이 곧 내 비즈니스의 설계 초안이 된다.

그러나, 많은 중장년층은 익숙한 것을 외면한다. 중소벤처기업부와 통계청의 최근 발표(2023~2024)를 종합해 보면, 전체 창업자 중 40대 이상 중장년층이 차지하는 비중은 여전히 70%에 육박한다. 우려스러운 점은 이들 중 상당수가 자신의 전문성을 살린 기술 창업 대신, 진입 장벽이 낮은 '숙박·음식업'에 뛰어든다는 사실이다. 하지만 냉혹한 현실은 통계가 말해 준다. 해당 업종의 5년 생존율은 고작 22.8%에 불과하다. 10명이 문을 열면 5년 뒤엔 2명 남짓만 살아남는 셈이다. 누구나 요식업을 할 수 있을 것 같지만, **익숙한 분야에서 쌓인 역량과 통찰이야말로 창업의 성공 가능성을 높이는 자산**이다.

직장은 단순히 월급을 받는 공간이 아니다. 비즈니스를 위한 인맥과 영업, 고객 데이터, 마케팅, 문제 해결 능력을 실습할 수 있는 공간이다. 회사의 문제를 '내 것'처럼 들여다보고, 동료와 인터뷰하고, 데이터와 보고서를 분석해보자. 지금의 직장이 바로 **비즈니스 모델 연구소**가 된다. 퇴직 후 수백만 원을 주고도 배우기 어려운 지식과 경험을, 직장에서는 동료를 통해 언제든지 얻을 수 있다.

1단계 동기의 Key Takeaway

- 비즈니스는 창업가의 동기에서 시작한다.
- 고객 문제는 불편·좌절·반복 속에 숨어 있다.
- AI는 동기를 구체적 목표와 실행 계획으로 바꿔 준다.

AI 활용법: 비즈니스 동기를 위한 AI 프롬프트

아래의 비즈니스 프레임워크와 AI 프롬프트는 1단계 '동기'를 발견하기 위한 도구이다. 고객은 각 프레임워크에 해당하는 프롬프트를 Chat GPT에 입력함으로써, 적절한 조언을 얻을 수 있다. 또한, 진행 중인 프로젝트에 가장 적합한 프레임워크를 AI로부터 추천받아 자유롭게 선택하거나 조합하여 활용할 수도 있다.

활용 가능한 5가지 비즈니스 프레임워크

1) ASIS 분석: 비즈니스 목표와 비전을 명확히 정의.

2) PEST: 정치, 경제, 사회, 기술적 환경 분석.

3) 5 Forces(포터의 5가지 경쟁 요인): 산업 내 경쟁 강도와 기회 분석.

4) SWOT 분석: 내부 강점/약점과 외부 기회/위협 평가.

5) Golden Circle(Why - How - What): 비즈니스의 목적(Why)부터 실행 방식(How), 제공 가치(What)를 체계화.

* QR 코드를 스캔하여 바로 프롬프트를 복사하고 붙여 넣기 하세요.

1. ASIS TOBE

현재 상태(As - Is)와 미래 상태(To - Be)를 비교하여 비즈니스의 현재 상황과 목표를 정의하고, 이를 기반으로 필요한 변화를 설계하는 도구이다.

AI 프롬프트:

"나는 A라는 비즈니스를 준비 중인데, 현재 상태와 미래 목표를 명확히 정의하지 못해 어려움을 겪고 있어. 지금 A 비즈니스가 해결하려는 문제와 현황(As - Is)을 분석하고, 고객을 어떻게 도울 수 있을지에 대한 목표(To - Be)를 정의하고 싶어. 나를 도와줄 수 있을까?"

2. PEST 분석

정치(Political), 경제(Economic), 사회(Social), 기술(Technological)의 네 가지 외부 환경 요인을 분석하여 비즈니스 전략을 설계하는 데 도움을 주는 도구이다.

AI 프롬프트:

"나는 A라는 비즈니스의 외부 환경의 영향을 받는 정도를 파악하고 싶어. PEST 분석을 통해 기회와 리스크를 구체적으로 평가하는데 어떻게 나를 도와줄 수 있을까?"

   당신의 아이디어는 왜 돈이 되지 않는가

3. 5 Forces(포터의 5가지 경쟁 요인)

산업 내 경쟁 강도와 주요 요인(신규 진입자의 위협, 대체재의 위협, 구매자 협상력, 공급자 협상력, 기존 경쟁자 간 경쟁 강도)을 분석하여 비즈니스의 전략적 위치를 평가하는 도구이다.

AI 프롬프트:

"나는 A라는 비즈니스가 경쟁 시장에서 어떤 위치에 있는지 알고 싶어. 포터의 5 Forces 분석을 기반으로 A 비즈니스의 경쟁 환경을 평가하는 것을 도와줄 수 있을까?"

4. SWOT 분석

Strengths(강점), Weaknesses(약점), Opportunities(기회), Threats(위협)를 분석하여 조직의 내부와 외부 환경을 평가하는 도구이다.

AI 프롬프트:

"나는 A라는 비즈니스를 준비 중인데, 이 비즈니스의 강점과 약점을 명확히 이해하지 못해 고민하고 있어. 어떻게 SWOT 분석 방법을 통해 도와줄 수 있을까?"

5. Golden Circle(Why - How - What)

비즈니스의 존재 이유(Why), 이를 실행하는 방법(How), 고객에게 제공하는 가치(What)를 체계적으로 정의하는 도구이다.

"나는 A 비즈니스의 목적과 방향을 명확히 알고 싶어. Golden Circle 을 활용해 Why(존재 이유), How(실행 방식), What(제공 가치)를 구체 적으로 정리하는 것을 도와줄 수 있을까?"

"나는 ASIS TOBE, PEST, 5 Forces, SWOT, Golden Circle 프레임워크 중에서 **〈A 비즈니스〉**에 가장 적합한 프레임워크를 선택해서 분석 결과 를 얻고 싶은데 어떤 프레임워크를 사용해야 할지 어려움을 겪고 있어. 한 개 혹은 여러 개를 선정한 후 선정한 프레임워크로 비즈니스를 다시 분석하고 종합적인 결론을 제안해 줄 수 있을까?"

셀프 워크샵: 1단계 동기

위의 프레임워크를 다양하게 활용해 본 후에는 아래의 AI프롬프트를 활용하여 도움을 받고, 비즈니스 동기를 찾아볼 수 있다. 생각하는 비 즈니스를 구체적으로 입력하면 결과를 확인하고 동기 캔버스를 작성해 보자.

　　　　　　　　　　　　　당신의 아이디어는 왜 돈이 되지 않는가

"나는 [X] 비즈니스를 준비 중인데, 팀 구성, 누구(고객)를 도와줄지? 어떤 점을 구체적으로 도와주고 싶은지? 그리고 고객의 어떤 점을 구체적으로 도와주고 싶은지, 고객의 문제를 둘러싼 환경은 어떤지 파악하고 고민하는 것으로 어려움을 겪고 있어. 나의 비즈니스의 동기를 찾는 것을 도와줄 수 있을까?"

산출물

- 누가 고객인가?
- 고객의 어떤 점을 도와주고 싶은가?
- 고객의 문제를 둘러싼 환경은 어떠한가?

문제 포착과 아이디어 — 고통은 돈이 된다

고객 중심으로 문제를 정의해야 성공 가능성을 높일 수 있다.
— Eric Ries, The Lean Startup —

문제는 단지 창업 아이디어의 출발점이 아니라, 비즈니스가 존재하는 이유다.

이 문제는 실제로 존재하고, 많은 사람이 겪고 있으며, 충분히 불편해야 한다.

고객이 어떻게 스스로 이 문제를 해결하려 하는지를 파악하면, 시장의 니즈가 보이기 시작한다.

'대박 아이디어'가 휴지 조각인 이유

"임원으로 퇴사하면 뭘 하겠어요. 이미 다 늦은 거죠."

오랜만에 만난 지인은 이런 말을 수도 없이 들었다고 했다. 하지만 그

당신의 아이디어는 왜 돈이 되지 않는가

는 그 말이 틀렸다는 것을 스스로 증명해 냈다. 오십이 넘은 나이에 대기업 임원직을 내려놓고, 스타트업 창업가로 새로운 인생을 시작했다. 그의 이력은 하나의 분야로 규정하기 어려웠다. 미디어, 쇼핑, 제조, 부동산 등 다양한 산업을 넘나들었고, 전문성을 특정하기 어려운 경계를 살아왔다. 그런 그가 삼성그룹 산하 투자회사로부터 후속 투자 유치에 성공했다. 창업을 넘어, '성장 가능성'을 인정받은 결과였다. 무엇이 가능하게 했을까? 그는 이렇게 말했다.

"맡은 일에서 문제를 찾고, 해결 방법을 제시했어요. 업종이 달라도 원리는 똑같더라구요. 이번 창업도 문제와 해결점이 명확했어요." 오십 넘어 창업한 지인의 사례는 한 가지 중요한 메시지를 준다. 비즈니스는 아이디어가 아니라 문제 해결에서 시작된다는 것이다.

문제 해결은 모든 일의 본질이다

많은 사람이 창업을 위해 혁신적인 아이디어가 필요하다고 믿는다. 하지만 실제로는 고객의 **문제를 해결하는 능력이 먼저**다. 이 능력만 있다면 **나이와 상관없이 누구든지 비즈니스를 시작할 수 있다.** 직장 생활을 되돌아보면, 결국 모든 업무가 문제 해결로 이루어져 있다. 인사부서는 인력 문제를 다루고, 영업부서는 고객의 요구를 파악해 만족시킨다. 기획, 마케팅, 생산, 재무 등 모든 부서의 핵심은 문제를 찾아내고 해결하는 데 있다. 이처럼 문제 해결 능력은 이미 직장 생활 속에서 길러지고 있다.

비즈니스는 결국 세상의 문제를 발견하고, 그 해결책을 제시하는 활동이다. 문제의 크기, 해결 방식의 차별성, 고객 만족도에 따라 기업의 가치와 개인의 보상이 달라진다. 따라서 환경이 대기업 직장이든 소규모 스타트업이든, 문제를 발견하고 해결하는 능력을 갖춘 사람은 어디에서든 성과를 만들어 낼 수 있다.

문제를 혁신적으로 해결하는 3가지 방법

그렇다면 문제를 어떻게 혁신적으로 해결할 수 있을까? 베스트셀러 『일의 격』의 저자 신수정 대표는 세 가지 방법을 제시한다.

1. 통념 파괴

혁신은 기존의 상식이나 익숙한 방식에 의문을 던지는 데서 시작된다. 뛰어난 운동선수는 처음에는 남들이 하던 방식대로 배우지만, 결국 자신만의 방법으로 경쟁력을 만들어낸다. 이제는 '1등(Best)'보다 '유일함(Unique)'이 더 중요한 시대이다. 기성세대가 '딴따라'라 비웃었던 가수들이 BTS처럼 세계적인 영향력을 가진 존재가 되었고, 게임 중계로 시작한 유튜버가 업계 최고 수익자가 되었다. 기존 질서를 의심하고 통념을 깰 수 있어야 새로운 길이 열린다.

　　　　　　　　　　당신의 아이디어는 왜 돈이 되지 않는가

2. 고객 불만

문제를 해결하려면 고객의 불만부터 찾아야 한다. 고객이 어떤 활동을 하기 전, 진행 중, 완료 후에 겪는 불편, 방해, 불안 요소는 모두 불만의 신호다. 이 불만을 정확히 포착해야 적절한 해결책을 제시할 수 있다. 의사가 잘못된 진단을 내리면 아무리 수술을 잘해도 환자는 회복되지 않는다. 비즈니스도 마찬가지다. 고객의 진짜 불만을 이해하지 못하면 해결책도 틀릴 수밖에 없다.

3. 고객의 숨겨진 소망

불만이 드러난 문제라면, 소망은 감춰진 기대이다. 고객이 명시적으로 설명하지 않더라도 내심 바라는 바가 있다. 선이 없는 이어폰, 스마트폰과 노트북 간 자동 연동, 터치스크린 같은 기술은 모두 고객의 숨은 소망에서 출발한 것이다. 앱스토어도 마찬가지였다. 등장 전에는 누구도 그것을 원한다고 말하지 않았지만, 지금은 스마트폰 생태계의 핵심 기능이 되었다.

아이디어는 결과이지 시작이 아니다

많은 사람들은 아이디어가 창업의 출발점이라고 생각한다. 하지만 실제로는 문제와 고객을 깊이 이해하는 과정에서 아이디어가 도출된다. 아이디어는 결과이지, 시작이 아니다. 기술이나 아이디어만으로 단기적인 주목이나 투자를 받을 수는 있다. 그러나 고객 중심이 빠진 비즈니스는 시장에서 지속 가능하지 않다. 고객을 돕고자 하는 진심이 있다면, 그들의 불편과 소망을 이해하려는 태도가 생긴다. 그리고 그 이해가 깊어질수록 문제 해결의 능력은 커진다.

멘토링 중 만난 한 창업가의 마지막 말이 오래도록 마음에 남는다. "도와주고 싶었어요. 고객이 뭘 불편해하는지 자꾸 신경이 쓰였어요. 그게 다였죠." 비즈니스를 시작하려는 사람에게 가장 필요한 것은 기술도 아이디어도 아니다. **문제를 바라보는 눈과, 그 문제를 해결하려는 의지다.**

나의 불편함이 가장 확실한 돈이 된다

"도대체 왜 이렇게 불편해?"

살면서 이런 말을 내뱉은 적이 있다면, 축하한다. 당신은 방금 비즈니스 기회를 발견했다. **나의 불편함은 가장 확실한 돈이 된다.** 내가 겪는 문제는 나 혼자만의 것이 아니라, 나와 비슷한 수많은 사람의 문제일 가능성이 크기 때문이다. 이런 경우, 내가 곧 고객이다. 나의 문제는 나와 비슷한 집단의 문제일 가능성이 크다. 20대라면 20대가 고객이 되고, 수면장애를 겪고 있다면 비슷한 문제를 가진 사람도 분명히 존재한다. 그 집단의 규모가 클수록 문제는 더 분명해진다. 즉, **내가 겪는 문제가 고객의 문제이기만 하면,** 누구보다도 깊이 이해하고 공감할 수 있다. 이 부분은 이기적인 동기와 이타적인 가치를 연결할 수 있는 지점이다. 이

   당신의 아이디어는 왜 돈이 되지 않는가

렇게 되면 성공 가능성도 자연스럽게 높아진다.

나의 불편함을 비즈니스로

캐치테이블의 용태순 대표는 대학생 시절부터 맛집 탐방을 즐겼지만, 식당을 예약하는 과정은 늘 고역이었다. 인기 있는 식당은 전화를 수십 통 해도 연결되지 않았고, 막상 연결되어도 예약이 꽉 차 있기 일쑤였다. 그는 "왜 식당 예약은 영화표 예매처럼 실시간으로 안 될까?"라는 질문을 품게 되었다.

그는 이 불편함을 해결하기 위해 식당들을 찾아다니며 또 다른 심각한 문제인 '노쇼(No - Show, 예약 부도)'의 고통을 목격했다. 식당 주인들은 예약 손님을 위해 재료를 준비해 뒀지만, 연락도 없이 나타나지 않는 손님들 때문에 하루 매출을 공치고 있었다. 당시 외식업계의 노쇼 비율은 20%에 달했다.

용 대표는 소비자의 '예약 불편'과 사장님의 '노쇼 고통'을 동시에 해결하는 예약금 관리 솔루션(B2B)을 먼저 개발했다. 이후 이를 일반 고객이 쓰는 예약 앱(B2C)으로 확장했다. 결과는 성공적이었다. 캐치테이블 도입 매장의 노쇼 비율은 1% 미만으로 떨어졌고, 고객들은 하염없이 줄을 서거나 전화통을 붙잡는 대신 터치 몇 번으로 원하는 자리를 확보하게 되었다. 나의 사소한 불편함에 대한 질문이 외식 문화를 바꾸는 거대한 비즈니스가 된 것이다[10].

업무용 메신저 슬랙(Slack)도 시작은 비슷했다. 창업자 스튜어트 버터필드는 게임 개발사 Tiny Speck을 운영하면서 팀원 간 커뮤니케이션에 어려움을 느꼈다. 이메일과 기존 메신저는 빠르게 변화하는 업무 환경에 적합하지 않았다. 그는 내부 사용을 목적으로 효율적인 협업 도구를 직접 구현했고, 이는 나중에 슬랙이라는 이름으로 확장되었다. 이후 전 세계의 기업들이 비슷한 문제를 겪고 있다는 사실을 알게 되고, 슬랙은 세계적인 협업 플랫폼으로 자리잡았다.

이처럼 **개인의 문제가 다수의 문제**일 수 있다는 것을 발견하면, 그 자체로 비즈니스 아이디어가 된다. 동일한 문제를 겪는 사람이 많을수록 성공 가능성도 높아진다. 문제를 찾았다고 확신이 들면, 이렇게 행동해 보자.

- 친구나 동료에게 메시지를 보내 "너도 이런 문제 겪어 봤어?"라고 물어본다.
- 구글에 검색해 보고, 관련 키워드를 인스타그램 해시태그로 찾아 본다.

---

10) "흑백요리사' 셰프들도 썼다… 줄 서는 3263만 시간 아낀 기술", 중앙일보, 2024년 11월 30일.(캐치 테이블은 예약금 자동 결제 시스템 도입 이후 노쇼 비율을 1% 미만으로 낮추었으며, 고객들이 줄 서는 시간을 획기적으로 줄여 주는 성과를 냈다.)

   당신의 아이디어는 왜 돈이 되지 않는가

- 관련된 리포트를 읽거나 유사한 문제를 해결한 사람의 인터뷰를 찾아본다.

이렇게만 해도 그 문제가 실제 문제인지, 그리고 동일한 문제를 겪는 사람이 얼마나 많은지 빠르게 확인할 수 있다. 이기적으로 자신의 문제를 정의하면, 다른 사람의 문제도 해결할 수 있다.

내 문제가 아니라면? '남의 고통'을 훔쳐라

비즈니스 시작을 위해 꼭 내 문제를 찾을 필요는 없다. 타인의 고통을 예리하게 관찰하는 것만으로도 기회는 열린다. 오히려 타인의 문제를 더 명확히 인식하고 해결하는 것이 좋은 기회가 되기도 한다. 내 문제는 익숙해서 지나치기 쉽지만, 남의 문제는 오히려 객관적으로 잘 보이기 때문이다. 직장에서 성과를 내는 사람들의 특징 중 하나는 자신의 일이 아니더라도 문제를 발견하고 해결하는 능력이 있다는 것이다. 특정 분야의 경험이 많은 사람일수록, 다른 사람이 해결하지 못하는 문제를 정확히 포착하고 풀어낼 수 있다. **타인의 문제를 발견하고 해결하는 것**이야말로 비즈니스의 동기이자 출발점이 된다.

타인의 문제에서 출발한 플랫폼, 일러스트 마켓 트웬티(Twenty)

이 점을 잘 보여 주는 사례가 일러스트 전용 마켓 트웬티(Twenty)다. 일러스트 작가들은 자신의 작품을 활용한 문구류, 예를 들어 다이어리,

스티커 같은 굿즈를 판매하고 싶어도 전문적인 유통 채널이 없었다. 소비자 역시 다양한 일러스트 작품을 한곳에서 편리하게 탐색하고 구매할 방법이 없어 늘 아쉬움을 느끼고 있었다. 그러나 이러한 불편은 정작 작가 본인보다 **소비자 입장에서 더 크게 체감되는 문제**였다.

트웬티 개발사 ㈜본투비는 이 간극을 기회로 보았다. 대표이사가 개발자 출신이었던 본투비는 기술적으로 플랫폼을 구현할 수 있었지만, 진짜 중요한 것은 작가들이 겪는 현실적 어려움을 제대로 이해하는 일이었다. 이때 일러스트 덕후 디자이너의 제안으로 상황이 달라졌다. 그는 창작자 커뮤니티와 시장 경험을 통해, 작가들이 겪는 문제와 소비자의 불편을 동시에 파악할 수 있었고, 이는 트웬티 서비스를 만드는데 핵심이 되었다.

이렇게 해서 트웬티는 작품 전시 공간이 아니라, 스타일 기반 추천, 작가 직거래, 마켓 오픈 일정 알림 같은 작가들을 위한 특별한 기능을 갖춘 실질적 마켓이 되었다. 작가들은 자신의 작품을 굿즈로 판매할 수 있는 새로운 시장을 얻었고, 소비자는 취향에 맞는 굿즈들을 편리하게 찾고 구매할 수 있게 되었다.

트웬티 사례는 **비즈니스의 출발점은 내 문제가 아니라 타인의 문제일 수 있다**는 것을 다시 한 번 확인시켜 준다. 문제를 객관적으로 바라

당신의 아이디어는 왜 돈이 되지 않는가

보고, 그것을 해결할 방법을 설계하는 순간 새로운 기회가 열린다. 본투비가 그랬듯이, 타인의 문제를 발견하고 해결하는 일이야말로 비즈니스의 가장 강력한 동기가 될 수 있다.

문제의 8가지 유형

성공적인 비즈니스는 '무엇을 만들까'가 아닌 '어떤 문제를 해결할까'라는 질문에서 시작된다. 우리 주변에 숨어 있는 비즈니스 기회를 발견하기 위해서는 다음의 8가지 관점으로 세상을 바라볼 필요가 있다.

가장 먼저 주목해야 할 것은 일상의 반복적인 불편함이다. 누구나 겪지만 해결되지 않았던 택시 잡기의 어려움을 우버가 해결했듯, 매일 마주하는 번거로움은 가장 확실한 기회가 된다. 이와 함께 고객의 구체적인 불편이나 고통을 해소하는 것도 중요하다. 아픈 몸을 이끌고 병원을 가야 하는 물리적·심리적 고통을 닥터나우가 비대면 진료로 풀어낸 것이 좋은 예이다.

기존 시장이 놓치고 있는 충족되지 않은 수요도 눈여겨봐야 한다. 배달의민족이 음식 배달의 편의성을 높였듯, 자원이 낭비되거나 시간이 오래 걸리는 비효율적인 시스템과 프로세스를 개선하는 것 역시 큰 기회이다. 슬랙이나 노션은 바로 업무 현장의 소통과 통합 과정에서 발생하는 비효율을 파고들어 필수 도구로 자리 잡았다.

문제 해결이 반드시 기능적인 영역에만 국한되는 것은 아니다. 감성적 또는 심리적 욕구를 채워주는 것 또한 훌륭한 비즈니스 모델이 된다. 오늘의집은 단순한 여행이나 인테리어를 넘어, 사용자의 감정적 만족감을 극대화하여 인테리어를 꾸미는 사람들의 커뮤니티를 형성하며 성공한 사례이다.

마지막으로 거시적인 흐름의 변화를 읽어야 한다. 트렌드 변화는 비건 식품이나 전기차 충전과 같은 새로운 시장을 열며, ESG 경영이나 개인정보 보호법과 같은 법적·정책적 변화는 이에 대응하기 위한 새로운 솔루션 수요를 만들어낸다. 여기에 기술로 해결 가능한 기존 문제들이 더해진다. 과거에는 불가능했던 일들이 AI 챗봇이나 자동 번역기 같은 신기술을 통해 완전히 새로운 방식으로 해결되고 있기 때문이다.

'돈이 되는 문제'를 고르는 5가지 기준

비즈니스 아이디어는 일상에서 발견한 다양한 문제에서 시작되지만, 그렇다고 모든 문제를 해결할 수는 없다. 따라서 시장성이 높고, 실현 가능성이 있으며, 고객에게 명확한 가치를 제공할 수 있는 문제를 선택해야 한다. 문제 선택은 단순히 흥미가 있거나 쉽게 해결할 수 있을 것 같다는 이유만으로 결정해서는 안 된다. 실제 시장에서 통할 수 있는지, 고객들이 그 문제 해결을 원하는지, 그리고 내가 이를 실현할 수 있는 역량이 있는지를 함께 고려해야 한다. 무엇보다 중요한 것은, **선택한 문**

    당신의 아이디어는 왜 돈이 되지 않는가

제에 대해 구체적인 실행 가능성이 뒷받침되어야 한다는 점이다. 아이디어보다 먼저, 실행할 수 있는 문제를 선택하는 것이 필요하다.

문제 선택의 기준

여러 가지 문제 중에서 하나를 선택하기 위해서는 다음의 5가지 기준을 살펴봐야 한다.

1. 문제의 빈도와 강도

해당 문제가 얼마나 자주 발생하는지, 그리고 얼마나 불편하게 느껴지는지를 평가해야 한다. 1년에 한 번 겪는 문제와 매일 반복되는 문제는 해결의 우선순위가 다르다. 사람들이 자주 겪고 심각하게 불편함을 느끼는 문제일수록 해결할 가치가 크다. 문제의 빈도와 강도를 파악한 뒤, 그 해결이 시장에서 얼마나 큰 반응을 이끌어낼 수 있을지를 함께 고려해야 한다.

2. 실현 가능성

이 문제를 현재 내가 가진 자원, 기술, 네트워크로 해결할 수 있는지를 점검해야 한다. 아무리 중요한 문제라도 해결이 지나치게 복잡하거나 실현이 어렵다면 실행에 옮기기 힘들다. 실행 가능한 문제에 집중하는 것이 현실적인 전략이다.

3. 수익화 가능성

해결된 문제에 대해 고객이 기꺼이 비용을 지불할 의사가 있는지, 그리고 시장 규모가 충분한지를 검토해야 한다. 의미 있는 문제라도 비즈니스로 연결되지 않으면 지속 가능성이 낮다. 문제가 곧 기회가 되기 위해서는 수익으로 이어질 수 있어야 한다.

4. 고객의 대안 존재 여부

문제를 잘 정의했더라도, 고객이 이미 다른 해결책을 선택하고 있는 상황인지 확인해야 한다. 이미 경쟁이 치열한 시장이라면 차별화 전략이 필수이다. 아직 고객이 문제를 감수하고 있는 틈새시장이라면 빠르게 시장을 선점할 기회가 있다. 경쟁 상황과 고객의 인식 수준을 함께 분석해야 한다.

5. 고객에게 제공할 수 있는 가치

단순히 문제를 해결하는 데 그치지 않고, 고객의 삶에 긍정적인 변화를 줄 수 있는지 고민해야 한다. 가치를 느낀 고객은 기꺼이 지갑을 연다. 고객이 감동하거나 만족할 만한 경험을 제공하는가가 장기적인 성장을 좌우한다.

프레임워크를 활용한 선택

문제 해결을 위한 우선순위를 정할 때는 비즈니스 프레임워크를 활

     당신의 아이디어는 왜 돈이 되지 않는가

용하면 유용하다. 그중 대표적인 도구가 **RICE 프레임워크**다. RICE는 프로젝트나 아이디어의 우선순위를 체계적으로 설정하기 위해 널리 사용된다.

각 요소를 점수화한 뒤, 이를 계산하여 가장 높은 우선순위의 작업을 선정하는 방식이다.

RICE는 다음의 네 가지 요소로 구성된다.

- Reach(도달 범위):

  해당 아이디어가 영향을 미칠 수 있는 예상 고객 수를 의미한다.

- Impact(영향력):

  아이디어가 고객에게 가져다줄 긍정적인 효과의 정도이다.

- Confidence(확신도):

  아이디어가 성공할 것이라는 신뢰 수준을 뜻한다.

- Effort(노력):

  아이디어를 실행하는 데 필요한 자원, 시간, 비용 등을 의미한다.

최종 점수 계산 공식:

(Reach × Impact × Confidence) ÷ Effort

이 계산을 통해 여러 아이디어 중 가장 효율적인 것을 선별할 수 있다. 다만, 이 프레임워크를 수작업으로 점수화하고 계산하는 데는 시간과 노력이 꽤 필요하다. 하지만 **AI 프롬프트를 활용하면 빠르고 효과적으로 RICE 평가를 수행할 수 있다.** 해결하고 싶은 문제가 너무 많아서 고민이신가? 이럴 때 RICE 프레임워크 분석을 AI에게 시켜보도록 하자.

> *"나는 지금 [A: 직장인 점심 메뉴 추천], [B: 주말 농장 예약 대행], [C: 중고 전공서적 거래]라는 3가지 아이디어를 두고 고민 중이야. 각 아이디어의 도달 범위(Reach), 영향력(Impact), 성공 가능성(Confidence), 실행 노력(Effort)을 점수화해서, 가장 효율적이고 성공 확률이 높은 아이디어 1개를 추천해 줘. RICE 프레임워크를 기준으로 분석해 줘."*

문제를 선택한다는 것은 다른 문제들을 **하나씩 내려놓는 과정**이다. 모든 문제를 해결하고 싶은 욕심은 이해되지만, 성공적인 비즈니스를 위해서는 하나의 문제에 집중해야 한다. 특히 초기 비즈니스에서는 더욱 그렇다. 선택은 늘 **불확실성**을 동반한다. 그러나 결정을 내리지 않으면 아무것도 시작할 수 없다. 용기를 내어 한 가지 문제를 선택하고, 그 문제를 해결하기 위해 집중과 실행에 힘을 쏟아야 한다. 문제를 선택하는 순간, 비즈니스는 비로소 출발선에 선다. 이제 선택한 문제를 해결하기 위한 구체적인 전략과 실행 방안을 찾는 단계로 나아가자.

당신의 아이디어는 왜 돈이 되지 않는가

Key Takeaway: 2단계 문제포착과 아이디어

- 아이디어가 아닌 고객 문제에서 시작하라.

- 고객 문제는 불편·좌절·반복 속에 숨어 있다.

- AI는 이 과정을 더 빠르고 쉽게 도와준다.

아래의 비즈니스 프레임워크와 AI 프롬프트는 2단계 '문제 포착과 아이디어' 실행 전략 설계를 위한 도구이다. 고객은 각 프레임워크에 해당하는 프롬프트를 ChatGPT에 입력함으로써, 실행 전략 수립에 필요한 적절한 조언을 얻을 수 있다. 또한, 진행 중인 프로젝트의 특성에 따라 다양한 프레임워크 중에서 가장 적합한 것을 AI에게 추천받고, 이를 자유롭게 선택하거나 조합하여 활용할 수도 있다.

활용 가능한 10가지 비즈니스 프레임워크

1) 디자인 씽킹: 고객 중심의 문제 탐구와 아이디어 생성.

2) Double Diamond Design Process: 문제 탐색/정의(1차 다이아몬드)와 솔루션 설계/테스트(2차 다이아몬드).

3) Customer Journey Mapping: 고객의 경험, 행동, 감정을 시각화하여 진짜 문제 발견.

4) The Blue Ocean Strategy: 경쟁이 없는 새로운 시장 창출.

5) Value Proposition Canvas: 고객이 겪는 문제(Pain)와 얻고 싶은 이득(Gain)을 내 솔루션과 매칭.

6) Empathy Map: 고객의 생각, 감정, 행동을 시각화하여 문제를 심층적으로 이해.

7) Fishbone Diagram(특성요인도): 문제의 근본 원인 분석.

8) The Delphi Method: 전문가의 반복적 의견 수렴으로 문제와 해결 방안 정의.

9) SCQA 방법: 문제 정의를 위해 현재 상황을 분석하고(Situation), 변화 대응이 필요한 이유(Complication)를 파악한 후, 질문(Key Question)을 도출하고 답(Answer)를 정리하는 방법으로 문제를 정의.

10) RICE: 아이디어에 대한 복잡한 우선순위 계산.

2단계
* QR 코드를 스캔하여 바로 프롬프트를 복사하고 붙여 넣기 하세요.

1. 디자인 씽킹(Design Thinking)

디자인 씽킹은 고객 중심의 문제 해결 접근법으로, 문제를 탐구하고 창의적인 아이디어를 생성하며, 프로토타입과 테스트를 통해 최적의 솔루션을 도출하는 프레임워크입니다.

단계:

1) 공감(Empathize)

2) 문제 정의(Define)

3) 아이디어 발상(Ideate)

4) 프로토타입 제작(Prototype)

5) 테스트(Test)

"나는 고객 중심으로 A라는 비즈니스의 문제를 해결하고 싶어. 현재 고객의 니즈와 어려움을 탐구(공감)하고, 주요 문제를 정의한 후, 창의적인 아이디어를 발상하고 테스트 가능한 솔루션을 도출하고 싶어. 이를 도와줄 수 있을까?"

2. Double Diamond Design Process

Double Diamond는 문제 탐구(1차 다이아몬드)와 솔루션 설계(2차 다이아몬드)를 통해 명확한 문제 정의와 창의적인 해결책 도출을 강조하는 프레임워크입니다.

단계:

1) 탐구(Discover)

2) 정의(Define)

3) 설계(Develop)

4) 실행(Deliver)

AI 프롬프트:

"A라는 비즈니스에서 고객의 니즈를 깊이 탐구(Discover)하고, 주요 문제를 정의(Define)한 다음, 창의적인 솔루션을 설계하고 실행 가능한 결과물을 도출하고 싶어. Double Diamond 프로세스를 활용해 이를 도와줄 수 있을까?"

3. Customer Journey Mapping

고객이 특정 프로덕트를 이용하는 과정에서 겪는 경험, 행동, 감정을 시각적으로 나타내고, 이를 통해 문제와 기회를 발견하는 도구이다.

AI 프롬프트:

"A라는 비즈니스에서 고객이 처음 접촉부터 서비스 이용까지의 과정을 시각화하여 행동, 감정, 문제점을 파악하고 싶어. 이를 통해 개선할 기회를 발견하도록 도와줄 수 있을까?"

4. The Blue Ocean Strategy

기존 시장에서 경쟁하지 않고, **새로운 시장(블루 오션)**을 창출하여 경쟁을 무의미하게 만드는 전략적 프레임워크입니다.

AI 프롬프트:

"나는 A라는 비즈니스에서 기존 시장에서 경쟁하는 대신 새로운 시

장 기회를 창출하고 싶어. 경쟁이 없는 블루 오션 전략을 활용해 나만의
차별화된 아이디어를 도출하도록 도와줄 수 있을까?"

5. Value Proposition Canvas:

고객의 문제(Pains)와 필요(Wants)를 분석하고, 이를 해결할 수 있는
솔루션의 가치(Value)를 연결하는 도구이다.

"나는 A라는 비즈니스를 준비 중인데, 고객의 문제와 니즈를 분석하
고, 이를 해결하기 위한 솔루션의 가치를 정의하는 데 어려움을 겪고 있
어. Value Proposition Canvas를 활용해 고객이 원하는 가치를 효과적
으로 설계할 수 있도록 도와줄 수 있을까?"

6. Empathy Map

고객의 생각, 감정, 행동, 욕구를 시각화하여 고객에 대한 심층적인
이해를 돕는 도구이다.

AI 프롬프트:

"A라는 비즈니스에서 고객의 생각, 감정, 행동을 명확히 이해하고, 고
객이 진짜로 원하는 가치를 도출하고 싶어. Empathy Map을 활용해 고
객의 니즈를 파악하도록 도와줄 수 있을까?"

   당신의 아이디어는 왜 돈이 되지 않는가

7. Fishbone Diagram(특성요인도)

문제의 근본 원인을 분석하여 구조적으로 이해하고, 해결 방안을 도출하는 도구이다.

"나는 A라는 비즈니스에서 문제의 근본 원인을 분석하고 해결 방안을 찾고 싶어. Fishbone Diagram을 사용해 주요 원인들을 도출하고 정리하도록 도와줄 수 있을까?"

8. The Delphi Method

전문가 집단의 반복적 의견 수렴을 통해 문제를 정의하고 최적의 해결책을 도출하는 방법입니다.

"A라는 비즈니스의 주요 문제를 해결하기 위해 전문가들의 의견을 반복적으로 수렴하고, 합의된 최적의 해결책을 도출하고 싶어. Delphi Method를 활용해 이를 진행하도록 도와줄 수 있을까?"

9. SCQA

Situation(상황) → Complication(복잡성) → Question(질문) → Answer(답변)의 네 가지 요소로 구성된 문제 해결 및 논리적 사고 프레

임워크로, 주로 경영 전략, 문제 분석, 보고서 작성, 프레젠테이션 등에
서 유용하다.

"나는 A라는 비즈니스를 준비 중인데, 고객의 문제와 니즈를 분석하
고, 이를 해결하기 위한 솔루션의 가치를 정의하는 데 어려움을 겪고 있
어. A시장의 문제를 SCQA 프레임워크를 사용하여 도와줄 수 있을까?"

10. RICE(Reach, Impact, Confidence, Effort)

RICE는 프로젝트나 아이디어의 우선순위를 체계적으로 설정하기 위
해 사용하는 프레임워크로, 각 요소를 점수화하여 가장 높은 우선순위
를 가진 작업에 집중할 수 있도록 한다.

- Reach(도달 범위):

  해당 아이디어가 영향을 미칠 예상 고객 수.

- Impact(영향력):

  아이디어가 고객에게 줄 긍정적인 효과의 정도.

- Confidence(확신):

  아이디어의 성공 가능성에 대한 신뢰도.

- Effort(노력):

  아이디어를 실행하는 데 필요한 리소스(시간, 비용 등).

당신의 아이디어는 왜 돈이 되지 않는가

최종 점수 계산:

(Reach × Impact × Confidence) ÷ Effort

"나는 지금 [A: 직장인 점심 메뉴 추천], [B: 주말 농장 예약 대행], [C: 중고 전공서적 거래]라는 3가지 아이디어를 두고 고민 중이야. 각 아이디어의 도달 범위(Reach), 영향력(Impact), 성공 가능성(Confidence), 실행 노력(Effort)을 점수화해서, 가장 효율적이고 성공 확률이 높은 아이디어 1개를 추천해 줘. RICE 프레임워크를 기준으로 분석해 줘."

워크샵 2단계 문제 포착과 아이디어 캔버스

위의 프레임워크를 다양하게 활용해 본 후에는 아래의 AI프롬프트를 활용하여, 문제 도출과 해결을 위한 아이디어를 찾아볼 수 있다. 생각하는 비즈니스를 구체적으로 입력 후 결과를 확인하고 동기 캔버스를 작성해 보자.

"나는 [A] 비즈니스를 준비 중인데, 고객의 문제 도출과 해결할 아이디어를 찾는 것에 어려움을 겪고 있어. [디자인 씽킹, Customer Journey Mapping] 프레임워크 중 가장 적합한 것을 선택하여 나의 고객의 문제와 아이디어를 찾는 것을 도와줄 수 있을까? 또한 도출된 아이디어를

RICE(Reach, Impact, Confidence, Effort) 프레임워크를 사용하여 우선

순위를 제안해 줄 수 있을까?"

　산출물

　- 누가 고객인가?

　- 고객의 문제/소망은 무엇인가?

　- 고객의 문제/소망을 해결할 아이디어는?

2부

프로덕트(Product)

솔루션 — 개발자 찾지 마라,
바이브 코딩으로 1시간 만에

건물 안에는 사실이 없습니다. 그러니 당장 밖으로 나가십시오.
— Steve Blank, 『The Startup Owner's Manual』 —

문제를 발견했다면 이제 해결책(솔루션)을 내놓을 차례이다. 여기서 99%의 창업가는 멈춰 선다. "나는 개발을 모르는데…", "돈이 없는데…" 이제 그 핑계는 통하지 않는다. 코드를 한 줄도 몰라도, AI와 대화만 할 수 있다면 누구나 앱을 만드는 시대가 되었기 때문이다.

코딩은 이제 기술이 아니라 '느낌(Vibe)'이다

AI 시대 이전에는 창업가는 웹사이트 대신 직접 전화로, 자동화 대신 사람이 수동으로 직접 시작했다. 설령기술이 완벽하지 않더라도 괜찮았다. 고객 경험을 먼저 설계한 뒤, 부족한 부분은 사람이 직접 발로 뛰며 메우면 됐기 때문이다. 네이버 스마트 스토어나 예약 서비스를 활용하기도 하고 인스타그램, 유튜브 채널을 개설하는 것만으로도 비즈니스가 시작된다. 이 방식은 플랫폼이 제공하는 솔루션으로 시작하되, 고객 경험은 최대한 완성도 있게 제공하는 것이었다.

그러나 최근에는 인공지능(AI)과 Low - Code/No - Code 기술의 발달 덕분에 초기 실행을 고급스러우면서도 정교하게 할 수 있다. 과거에는 웹사이트 하나를 만들려면 기획자, 디자이너, 개발자가 모여 몇 주를 씨름해야 했다. 하지만 이제는 '바이브 코딩(Vibe Coding)'이 이 모든 판을 뒤집었다. 바이브 코딩은 코딩 지식 없이도 **생성형 AI와 대화를 주고받으며 원하는 앱이나 웹사이트를 만드는 방식**이다. 개발 언어 대신 '만들고 싶은 느낌(Vibe)'이나 '기능적 요청'을 AI에게 전달하면, AI가 곧바로 코드를 작성하고 수정한다.

리플릿(Replit), 러버블(Lovable) 같은 도구들이 대표적이다. 이름이 생소해도 걱정할 필요 없다. 우리는 이 도구들의 사용법을 배우는 게 아니라, 이 도구들에게 '말을 거는 법'만 알면 되기 때문이다. 예를 들어 AI 입력창에 '실버를 위한 프랜차이즈형 힐링센터를 창업하려고 해. 이 비즈니스 소개를 위한 홈페이지를 만들어 줘!!' 라는 명령을 입력하는 것만으로도 초기 소개 페이지를 제작하는 것이 가능하다.

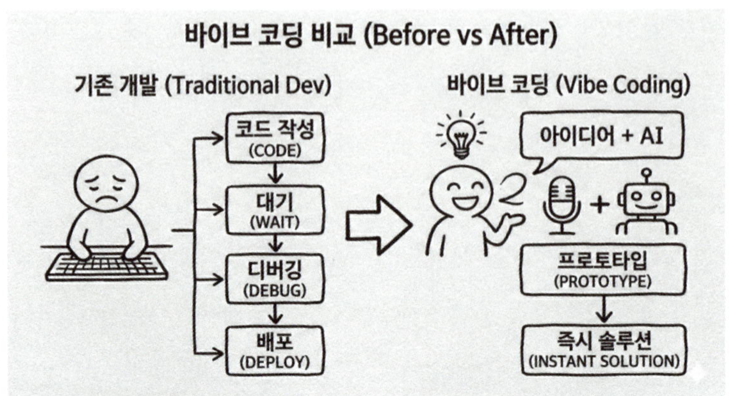

(그림) 과거의 개발이 끝이 보이지 않는 계단 오르기였다면,
AI 바이브 코딩은 내 생각이 곧바로 결과물이 되는 에스컬레이터와 같다.
의도(Vibe)만 있으면 누구나 개발자가 될 수 있다.

바이브 코딩의 핵심은 다음과 같다.

1) 신속한 프로토타이핑: AI가 반복적인 코드를 대신 작성하거나 기능을 구현하여, 아이디어를 몇 시간 또는 며칠 만에 작동하는 서비스로 구현한다.

2) 높은 완성도: 초기 단계부터 디자이너 없이도 고객 인터페이스(UI)와 핵심 기능을 높은 완성도로 구현할 수 있어, 고객에게 더 매끄럽고 전문적인 경험을 제공하는 것이다.

3) 즉각적인 피드백 반영: 수작업으로 인한 운영 부담이 줄어들고 구현 속도가 빨라져, 고객 피드백을 실시간으로 요청 메시지를 입력하면 솔루션을 빠르게 개선한다.

　　　　　　　　당신의 아이디어는 왜 돈이 되지 않는가

AI 기반 주요 바이브 코딩 서비스 비교

툴 이름	주요 기능	특징 및 활용 분야
리플릿 (Replit)	브라우저 기반 코드 작성 및 실행 환경 제공	웹 구현, 백엔드 로직 등 다양한 언어의 프로토타입을 빠르게 구축하고 사이트로 공유하는 데 유용하다.
러버블 (Lovable)	자동 환경 설정 및 배포, AI 기반 코드 완성	앱 제작 환경 설정을 자동화하여 아이디어를 즉시 실행 가능한 형태로 만들어 테스트하는 데 집중할 수 있게 해 주는 것이다.
안티그래비트 (Antigravity)	AI 기반 시각적 프로그래밍, UI/UX 자동 생성	복잡한 코딩보다 직관적인 드래그 앤 드롭 방식으로 서비스의 핵심 흐름과 디자인을 빠르게 구현하는 데 강점이 있다.
커서 (Cursor)	AI 기반 코드 편집기, 자연어 기반 코드 생성 및 디버깅	**AI와의 대화를 통해 코드를 작성, 수정, 디버깅** 할 수 있어 개발 속도를 획기적으로 높여주는 강력한 생산성 도구이다.

AI 기반 초기 솔루션 제작 사례

판교 교육장에서 만난 세종시의 한 창업가는 공식 웹사이트를 간절히 원했다. 인스타그램만으로는 신뢰를 주기에 부족했고, 제작 비용과 기술은 큰 장벽이었기 때문이다. 필자는 즉시 바이브 코딩 툴을 오픈하고 다음과 같이 입력했다. **"아파트 거주 가족을 위한 정리정돈 사이트를 만들어 줘. 회사 소개와 상담 신청 기능과 작업 전후 사진, 고객 리뷰를 넣어 줘."** 이후 단 5분 만에 모든 기능과 디자인을 갖춘 웹사이트가 완성되었다. 즉석에서 링크를 받아 든 그녀는 놀라움을 감추지 못했다. 단순히 이런 비즈니스 소개 페이지가 있었으면 좋겠다고 발표했을 뿐인데 바이브 코딩을 만나 순식간에 현실이 되는, 마법 같은 순간이었다.

이러한 바이브 코딩 방식은 이미 많은 창업팀이 활용하고 있다. 특히 세계적으로 화제가 된 사례로는 '칼로리 측정 앱 'Cal AI'가 있다. 칼로리 측정 앱 'Cal AI'는 잭 야데가리(Jack Yadegar) CEO 등 10대 창업자가 만들어 큰 성공을 거둔 서비스이다. 이들은 자체적으로 복잡한 AI 모델을 제작하는 대신, AI 기반 코딩 툴을 활용하여 OpenAI, 앤트로픽 등의 대규모 AI 모델 API를 빠르게 결합함으로써 핵심 기능을 신속하게 구현한 것이다. 그 결과, 출시 8개월 만에 500만 다운로드와 월 100만 달러(약 14억 원) 이상의 매출을 달성하며 최소 노력 대비 최대 성과를 낸 대표적인 사례로 손꼽힌다.

(그림) 비이브 코딩으로 만든 Cal.ai 화면

    당신의 아이디어는 왜 돈이 되지 않는가

따라하기: 느낌대로 솔루션 만드는 3단계 공식

이제는 혼자서도 기획, 디자인, 개발, 배포 및 수정까지 혼자서도 가능하다. 아이디어를 현실로 만들어 줄 저렴한 개발자, 즉 바이브 코딩이 있기 때문이다. 최근 은퇴한 퇴직자가 '실버들을 위한 힐링센터 프랜차이즈' 비즈니스를 준비하고 있다고 가정하고 홈페이지를 함께 만들어 보자. 실습을 위해서 ChatGPT와 리플릿을 사용하였다. 머릿속에 있던 솔루션이 실제로 눈앞에 나타나는 마법 같은 순간을 경험하게 될 것이다.

예시: 바이브 코딩으로 '실버 힐링센터 홈페이지' 만드는 3단계

소개하는 3단계는 고객의 문제를 해결할 솔루션(간단한 홈페이지)을 바이브 코딩으로 제작하는 실전 프로세스이다. 이 단계를 차근차근 따라가면서 아이디어를 눈으로 보면서 발전시켜 나갈 수 있다.

1. 명확한 목표 설정(ChatGPT에게 시키기)
 - 사용 AI 도구: ChatGPT

먼저 이 책의 1단계 동기와 2단계 문제 포착과 아이디어에서 정리한 내용을 AI에게 알려 주는 것으로 시작한다. 유능한 직원에게 프로젝트의 배경과 목표, 그리고 우리가 해결하려는 고객의 가치를 설명하듯이, AI에게도 이 모든 것을 글로 설명한다. 바이브 코딩을 사용하기전에 ChatGPT를 사용하여 이 내용을 주고받고 바이브 코딩에게 명령할 사항을 정리한다. 그리고 원하는 만큼 수정하고 결과물을 텍스트로 얻을 수 있다. 예시의 경우 결과물을 위해 28초가 걸렸다. 그 내용을 복사하여 가지고 있는 것, 이것이 첫 번째 단계이다.

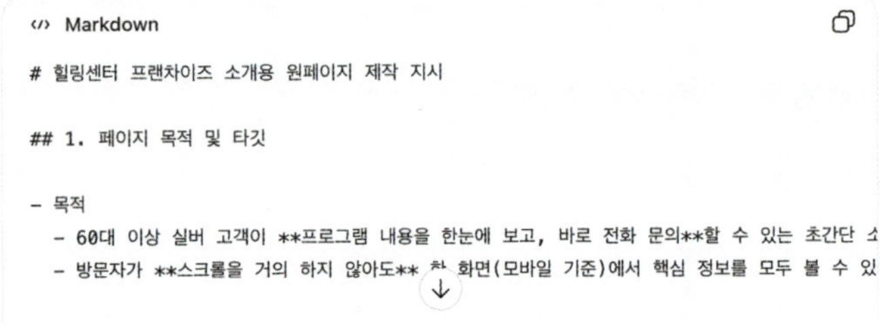

(그림) chatGPT를 활용하여 필요한 사항을 요청하는 장면

                          당신의 아이디어는 왜 돈이 되지 않는가

2. 바이브(Vibe) 전달 및 코드 생성(Replit에게 시키기)

- 사용 AI 도구: 리플릿

2단계 실행을 위해 여러 가지 바이브 코딩 서비스 중에서 리플릿을 사용했다. 따라서 동일한 환경 테스트를 위해서는 우선 리플릿 가입과 요금제 선택이 필요하다. 스타터(Starter) 요금제는 기본 무료로 제공되며, 코어(Core) 요금제[11]는 월 \$25이다. 이후 1단계에서 얻은 텍스트를 바이브 코딩 서비스의 대화창에 붙여 넣는다. 선택 사항으로는 대화창 아래의 웹앱(Web app)을 선택한다. 그리고 1단계에서 ChatGPT로 정리한 내용을 복사하여 대화창에 붙여 넣는다. 혹시 추가할 내용이 있으면 입력창에 텍스트로 추가하면 된다. 바이브 코딩의 묘미는 바로 여기에 있다. 전문적인 개발 용어 대신 원하는 '느낌'이나 '이미지'를 말하면 된다.

AI는 당신의 '느낌(Vibe)'을 찰떡같이 알아듣고, HTML이나 자바스크립트 같은 복잡한 코드를 순식간에 작성한다. 당신이 그 코드를 이해할 필요는 없다. 그저 결과물이 마음에 드는지만 확인하면 된다. 오른쪽 화면에서는 진행중인 화면을 미리보기로 보여준다. 리플릿의 경우 디자인과 개발을 통합해서 할 수도 있지만 디자인 결과물을 확인 후 개발 부분을 별도로 지시할 수도 있다. 요구사항에 따라 1분에서 5분 정도가

---

11) 리플릿의 가격 정책은 업데이트에 따라 변경될 수 있다.

경과하면 우선 디자인 결과물을 볼 수 있다. AI가 의도와 다른 결과물을 내놓거나 화면상에 에러가 났을 때도 간단하다. 수정을 위해 입력창에 다시 명령하면 된다. 예를 들어 "방금 만든 코드에서 버튼이 작동하지 않아. 원인을 찾아서 수정된 전체 코드를 다시 줘."와 같은 내용을 입력창에 입력하면 수정 작업과 테스트까지 진행한다. 이 과정에서의 초안은 완벽하지 않아도 괜찮다. 중요한 것은 '작동하는 무엇인가'가 눈앞에 나타났다는 사실이다.

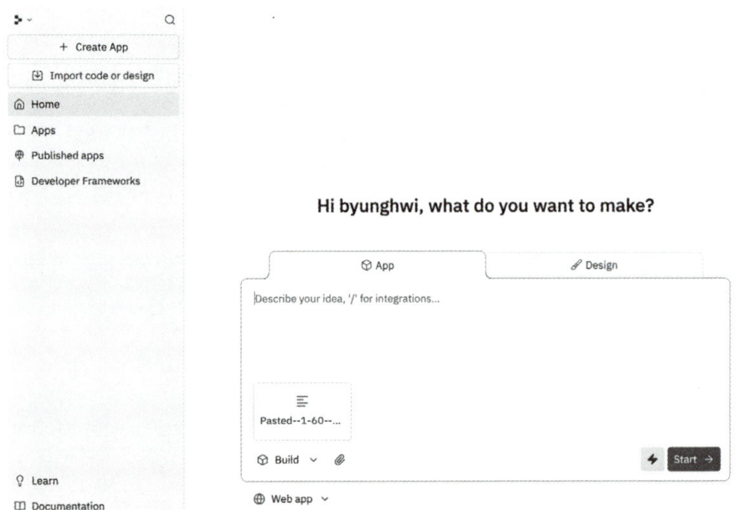

(그림) Replit의 대화창에 복사한 내용을 붙여넣기 하고 〈Start Chat〉 버튼을 누르는 장면

당신의 아이디어는 왜 돈이 되지 않는가

3. 배포 및 수정(피드백하기)

- 사용 AI 도구: 리플릿

결과물이 마음에 들지 않는다면 상사처럼 다시 수정을 명령하면 된다. **"배경색이 너무 어두워, 좀 더 밝고 편안한 베이지색으로 바꿔 줘."** 이렇게 피드백을 하고 수정이 끝났다면 메뉴 상단의 〈Publish〉 버튼을 통해 즉시 전 세계에 배포하는 것이 가능하다. 홈페이지 주소도 곧바로 생성되어 주변 사람에게 전달이 가능하게 된다. 이 단계에서는 배포와 수정을 반복하게 된다. 수정 사항을 입력할 때 오타가 나도 괜찮다. 개떡같이 말해도 찰떡같이 알아듣는 것이 바로 최신 AI의 능력이다. 겁먹지 말고 상사가 부하직원에게 피드백하듯 편하게 명령하라. 복잡한 기술 용어는 필요 없다. 오직 '사용 결과'와 '고객 경험'에 대한 불만을 AI 서비스의 대화창에 입력하여 요청하는 것 만으로 AI가 실시간으로 개선하는 것을 확인할 수 있다.

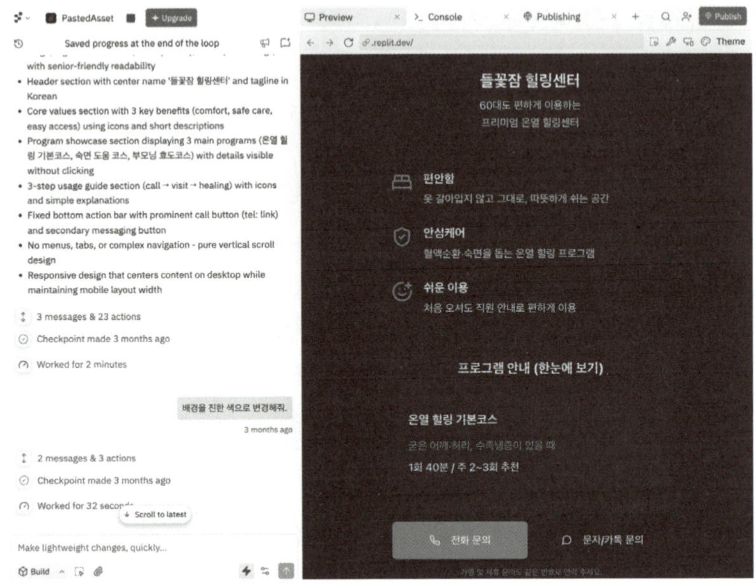

(그림) 채팅창을 통해서 명령한 내용(왼쪽)이 실제 만들어지는(오른쪽) 장면

이 3단계 과정을 거치면 문제를 해결하는 홈페이지를 단 한 시간 만에 완성할 수 있다. 이제 문제 해결을 위한 아이디어는 실체를 가지게 되었다. 다만 유의할 것은 바이브 코딩으로 만든 결과물은 시장 검증을 위한 '초기 모델(MVP)'이라는 것이다. 디자인뿐 아니라 작동하는 개발적인 요소도 모두 구현이 가능하지만 실제 대규모 트래픽을 받기 위해서는 추후 개발자가 필요할 수 있다는 점을 염두에 두어야 한다. 또한 ChatGPT와는 다르게 리플릿의 경우 정액제로 요금을 내도 무제한 사용은 불가능하다. 정액제로 요금제가 있지만 정해진 시간을 초과하면 그만큼 비용이 청구된다. 자칫 비용이 수십에서 수백만 원으로 증가할

당신의 아이디어는 왜 돈이 되지 않는가

수 있다는 것도 알고 있어야 한다.

바이브 코딩의 특성을 이해하고 익힌다면, 디자인과 코딩을 해야 하는 번거로움, 두려움, 비용 부담에서 벗어날 수 있다. 지금은 코드를 직접 짜며 문제를 해결하던 시대에서, 사람은 문제를 정의하고 AI가 모든 문제를 해결하는 시대로 급격히 전환 중이다.

이야기로 만드는 공감대

AI 덕분에 솔루션을 만드는 시간과 비용은 '0'에 가까워지고 있다. 이런 환경에서 비즈니스의 경쟁력은 어디서 나올까? 바로 '스토리'와 '고객 경험'이다. 누구나 1시간 만에 웹사이트를 만들 수 있는 세상에서, 고객은 단순히 기능이 좋은 솔루션을 선택하지 않는다. **"왜 이 서비스를 만들었는가?"**, "이것이 내 삶을 어떻게 바꿔 주는가?"에 대한 진정성 있는 이야기가 담겨야 하는 이유다.

비즈니스의 중요한 질문은 언제나 같다. "누구를 위한 것인가?", "무엇을 위한 것인가?" 예를 들어, 당근마켓은 중고거래 플랫폼을 넘어 이웃 간의 신뢰와 연결을 중심에 두었다. 고객들은 거래가 아니라 관계를 경험한다. 비즈니스는 감정을 설계하는 일이다. 이야기는 이러한 감정을 구체화하는 수단이다. 송파동의 '송파 꼬앙드파리 카페'는 프랑스 골목에 있는 듯한 착각을 선사하며 많은 사람들에게 사랑받는다. 공간 자체가 하나의 감정적 서사를 만든다. 브랜드의 힘은 감정을 자극하는 이야기에서 시작된다. 사람은 누군가에게 보이고, 이해받고 싶어 하며, 어떤 공동체에 속해 있기를 바란다. 소셜미디어는 이 인간 본능을 가장 정확히 포착한 플랫폼이다.

전통적인 창업 방식은 고객보다 시장 논리, 기술의 발전에 치우쳐 있다. 이제는 고객의 감정에 집중해야 할 때다. 솔루션 중심 사고는 기술, 기능, 가격에 몰입하게 한다. 반면 고객 중심 사고는 공감과 관찰을 요구한다. 진짜 혁신은 고객의 목소리를 듣는 데서 출발한다.

결론적으로, **비즈니스의 진정한 힘은 기능이나 논리가 아니라 고객과의 감정적 연결이다.** 고객은 논리가 아니라 감정으로 움직인다. 합리적이지 않은 것이 인간의 본성이며, 우리도 예외가 아니다. 고객의 감정을 이해하고, 그들의 이야기에 귀 기울이며, 그들이 원하는 소속감을 제공해야 한다. 앞서 살펴본 바와 같이 디자인과 개발을 위한 시간과 비용을 극도로 줄일 수 있게 되었다. 이제 남은 시간을 고객에게 전달할 이야기 완성을 위해 투자해야 한다. 그것이 진짜 솔루션이다.

기능을 팔지 말고 이야기를 팔아라

이제는 품질이 좋은 솔루션만으로는 시장에서 경쟁력을 갖기 어렵다는 것을 이해했을 것이다. 기술이 쉬워짐과 동시에 유사한 경쟁자는 넘쳐날 것이고, 고객은 손쉽게 대안을 비교하며 선택할 수 있다. 이런 환경에서 내 비즈니스의 차별화는 솔루션의 기능이나 가격이 아니라 '스토리'와 '의미'에 있다. 세스 고딘은 그의 저서 『마케팅이다』에서 이렇게 말했다.

"성공한 기업가들은 단순히 솔루션의 성능을 자랑하지 않는다. 고객의 삶에 공감하고, 그들이 겪는 문제를 해결하며, 더 나은 세상을 만들기 위해 노력한다."

브랜딩 전문가 버나뎃 지와 역시 책 『이야기에 이끌리다』에서 시장의 빈틈을 채우는 데 그치면 경쟁자의 뒤를 쫓을 수밖에 없다고 주장한다. 이러한 함정에서 벗어나려면 우리만의 가치와 철학을 담은 스토리로 고객의 마음을 움직여야 한다. 번뜩이는 아이디어보다 중요한 것은 **의미 있는 도전과 진정성 있는 메시지다.**

출퇴근의 문제를 해결한 위즈돔을 살펴보자. 우리는 매일 지친 몸으로 출퇴근을 반복한다. 만원 버스와 지하철, 피곤한 하루의 시작과 끝은 직장인들에게 큰 부담이 된다. 위즈돔의 창업자 한상우 대표는 이 문제를 외면하지 않았다. 통근의 불편함을 넘어, **삶의 질을 바꾸겠다는 사명감**으로 버스공유 플랫폼 위즈돔 서비스를 시작했다.

위즈돔은 직장인의 주요 거주지를 분석해 출퇴근 전용 버스를 제공하는 솔루션을 제작했다. 고객의 데이터를 기반으로 최적의 경로를 설계하고, AI를 활용해 잔여 좌석 확인하여 예약하는 시스템을 도입했다. 이동 수단을 넘어서 고객에게 신뢰와 효율을 제공한 것이다. 위즈돔 초기에는 단 한 가지 기능 즉, '출퇴근 버스 시간 확인'만 가능했다. 이후 센서를 통해 좌석 정보를 제공하고, 예약 시스템으로 확장해갔다. 모든 기능을 처음부터 시작한 것이 아니라, 고객의 사용 데이터를 기반으로 핵심 기능부터 순차적으로 제공한 것이다. 사용량이 적은 기능은 제거하거나 보이지 않도록 배치하고, 반응이 좋은 기능은 강화했다. 위즈돔은 고객의 요구와 데이터에 따라 끊임없이 솔루션을 다듬으며, 고객과 함께 서비스를 완성해 나갔다.

창업가는 헌신하는 전문가다

서비스의 최전선에 선다는 것은 고된 일이다. 불만이 있는 고객 앞에서도 미소를 잃지 않고, 문제 상황에서도 침착하게 대응해야 한다. 하지만 창업가는 단순히 감정노동자가 아니다. **문제 해결에 대한 소명의식과 고객을 돕겠다는 마음이 창업 정신의 본질**이다. 고객의 삶에 진정성 있는 변화를 제안하는 것이 곧 차별화된 가치다. 우리 솔루션이 고객에게 의미 있는 경험을 제공하고, 그 여정에 고객이 자발적으로 참여하게 될 때, 비로소 브랜드는 사랑받는 존재가 된다.

당신의 아이디어는 왜 돈이 되지 않는가

Key Takeaway: 3단계 솔루션

- 바이브 코딩으로 하루만에 문제 해결을 위한 솔루션을 만들 수 있다

- 솔루션은 단순하고 명확해야 한다

- AI는 가치 제안을 구체적이고 차별화되게 구체화한다.

솔루션을 만들기 전, AI에게 뼈대를 잡아 달라고 요청하면 실패 확률을 더 줄일 수 있다. 아래의 비즈니스 프레임워크와 AI 프롬프트는 바이브 코딩으로 실제 솔루션을 만들기 전에 초안 정리 작업을 만든다. Chat GPT에 각 프레임워크에 해당하는 프롬프트를 입력하면 솔루션의 설계가 어떻게 되어야 하는지에 대한 적절한 조언을 얻을 수 있다. 결과 값을 기반으로 바이브 코딩툴 AI에게 명령을 내리면 1시간 이내에도 훌륭한 웹사이트나 앱을 제작할 수 있다.

활용 가능한 6가지 프레임워크

1) Prototyping Framework: 빠르게 솔루션을 제작하고 테스트.

2) The Theory of Constraints: 설계 과정에서 병목 구간을 파악하고 해결.

3) User Story Mapping: 고객이 솔루션과 상호작용하는 방식 정의.

4) Wireframing: 디지털 솔루션의 설계를 위한 화면 구성 초안 제작.

5) Jobs to be Done Framework(JTBD): 고객이 원하는 결과에 초점을 맞춘 설계.

6) SCAMPER: 기존 아이디어나 솔루션을 변형해 혁신적인 솔루션을 도출하는 도구.

1. Prototyping Framework

Prototyping Framework는 아이디어를 빠르게 시제품(Prototype)을 만들어 고객의 피드백을 통해 검증하는 도구다. 초기 단계에서 리소스를 최소화하며 솔루션의 유효성을 테스트할 수 있다.

AI 프롬프트:

"나는 A라는 비즈니스를 준비 중인데, 아이디어를 빠르게 시제품을 만들어 테스트하고 싶어. Prototyping Framework를 활용해 솔루션을 구체화하고 고객 피드백을 통해 개선할 방법을 알려줄 수 있을까?"

2. The Theory of Constraints

The Theory of Constraints는 설계 또는 프로세스에서 병목 구간(Bottleneck)을 파악하고, 이를 해결해 진체 효율성을 높이는 도구다. 가장 중요한 제약을 해결하여 솔루션 설계와 실행 속도를 개선할 수 있다.

AI 프롬프트:

"나는 A라는 비즈니스를 준비 중인데, 설계 과정에서 비효율적인 병목 구간이 발생하고 있어. The Theory of Constraints를 활용해 병목 구간을 파악하고 해결 방안을 도출할 수 있도록 도와줄 수 있을까?"

3. User Story Mapping

User Story Mapping은 고객이 솔루션과 상호작용하는 전체 과정을 정의하고, 이를 통해 고객 경험을 시각적으로 이해하는 도구다. 단계별 고객 행동을 정의하여 고객 중심의 솔루션을 설계할 수 있다.

AI 프롬프트:

"나는 A라는 비즈니스를 준비 중인데, 고객이 내 솔루션과 상호작용하는 방식을 명확히 이해하지 못하고 있어. User Story Mapping을 활용해 고객의 행동과 경험을 정리하고, 이를 기반으로 효과적인 솔루션을 설계할 수 있도록 도와줄 수 있을까?"

4. 와이어프레임

와이어프레임(Wireframing)은 디지털 솔루션의 디자인 화면 구성 초안을 설계하는 도구다. 각 화면의 기능과 레이아웃을 간단히 시각화하여 고객 흐름을 설계할 수 있다.

AI 프롬프트:

"나는 A라는 비즈니스를 준비 중인데, 디지털 솔루션(웹사이트/앱)의

   당신의 아이디어는 왜 돈이 되지 않는가

초기 화면 구성과 고객 흐름을 설계하는 데 어려움을 겪고 있어. Wire-framing을 활용해 효과적인 화면 구성을 만들 수 있도록 도와줄 수 있을까?"

5. Jobs to Be Done Framework(JTBD)

Jobs to Be Done Framework(JTBD)는 고객이 어떤 문제를 해결하거나 목표를 달성하기 위해 수행하려는 작업(Job)에 초점을 맞춘 도구다. 고객이 얻고자 하는 결과를 기준으로 솔루션을 설계한다.

AI 프롬프트:

"나는 A라는 비즈니스를 준비 중인데, 고객이 원하는 결과와 그들이 해결하려는 문제를 명확히 이해하지 못하고 있어. Jobs to Be Done Framework를 활용해 고객이 원하는 '작업'을 이해하고, 그에 맞는 솔루션을 설계할 수 있도록 도와줄 수 있을까?"

6. SCAMPER

기존 아이디어나 솔루션을 변형하거나 확장하는 7가지 질문(대체, 결합, 수정, 다른 용도, 제거, 재배열, 추가)을 통해 혁신적인 솔루션을 도출하는 도구이다.

"나는 A라는 비즈니스를 준비 중인데, 기존 아이디어를 바탕으로 혁신적인 아이디어를 도출하고 싶어. SCAMPER 프레임워크를 활용해 새로운 솔루션을 제안해 줄 수 있을까?"

워크샵 3단계 솔루션 캔버스

위의 프레임워크를 다양하게 활용해 본 후에는 아래의 AI프롬프트를 활용하여, 솔루션 기획안을 찾아볼 수 있다. 생각하는 비즈니스를 구체적으로 입력 후 결과를 확인하고 동기 캔버스를 작성해 보자.

"나는 A 비즈니스를 준비 중인데, 고객의 문제와 적합한 솔루션을 찾는 것에 어려움을 겪고 있어. [Value Proposition Canvas] 프레임워크를 활용하여 나의 고객의 문제를 해결할 솔루션의 제목을 짓고, 솔루션을 찾아 줘. 이 내용을 바이브 코딩툴 리플릿에 명령할 수 있도록 정리해 줘."

산출물

- 솔루션은 제목과 솔루션의 구체적 내용

 당신의 아이디어는 왜 돈이 되지 않는가

시장검증 — 실패 확률을 0%로 줄여라

고객의 긍정적 피드백과 사용 빈도는 시장 적합성의 핵심 지표이다.
— Marc Andreessen, 『The PMF Guide』 —

이제 솔루션이 실제 시장에서 통하는지를 확인할 차례다.

프로토타입을 제작하고, 초기 고객의 피드백을 통해 개선해 나간다.

이 과정에서 얻는 반응은 솔루션의 생존 여부를 가르는 결정적 단서가 된다.

1,000명의 무관심보다 10명의 열광을 믿어라

성공은 **'누구에게 팔 것인가'를 좁히는 것**에서 시작된다. 이는 지루한 이야기처럼 들릴 수 있지만, 실제 창업 과정에서는 이 기본을 놓치는 경우가 많다. 불가능한 고객을 대상으로 하거나, 지나치게 포괄적인 집단을 타깃으로 삼는 실수를 하게 된다. 그러나 이 책의 1단계에서 강조한

'다른 사람을 어떻게 도울까?'라는 질문에 진지하게 답했다면, 이러한 오류는 자연스럽게 피할 수 있다.

우선적인 고객은 바로 '나', 혹은 나와 비슷한 처지에 있는 사람들이다. 세상의 모든 사람이 고객이 될 수는 없다. 그들은 너무 다양하고, 너무 크며, 대부분 우리에게 무관심하기 때문이다. 따라서 우리는 특정 집단, 즉 우리 솔루션에 열광할 만한 사람들에게 집중해야 한다. 이들을 '최소유효시장(Minimum Viable Market)'이라 부른다. 세상의 모든 사람은 고객이 될 수 없다. **우리에게 진정 필요한 건, 공감하고 반응할 수 있는 '작은 무리'다.**

최소유효시장을 정의하기 위해서는 인구통계학적 분류를 넘어서, 그들만의 세계관과 니즈를 파악해야 한다. 예를 들어, 쉑쉑버거의 창업자로 알려진 대니 마이어는 뉴욕의 '유니온 스퀘어 카페'에서 시작했다. 그는 화려한 입지나 스타 셰프의 명성에 기대지 않았다. 대신 '고객을 까다롭게 선별하는 전략'으로 승부수를 띄웠다. 그가 시도한 대표적인 실험은 '팁 없는 레스토랑' 운영이었다. 미국, 특히 뉴욕에서는 일반적으로 15~20%의 팁을 지불하지만, 때때로 품질에 비해 부담스럽고, 관광객에게는 불쾌한 경험이 되기도 한다. 마이어는 팁을 없애는 대신 모든 직원이 고객을 함께 응대하도록 했다. 음식 가격에 팁이 반영되더라도, 손님과 직원 모두 만족할 수 있는 구조였다. 그 결과 유니온 스퀘어 카페는 뉴욕에서 가장 사랑받는 레스토랑이 되었다.

     당신의 아이디어는 왜 돈이 되지 않는가

고객을 좁히는 용기

고객을 좁히는 것은 용기가 필요한 일이다. 우리는 종종 "누구나", "모두를 위해"라는 말 뒤에 숨어 명확한 타깃을 정의하는 책임을 회피한다. 하지만 우리 솔루션과 메시지에 공감하고, 스스로 입소문을 낼 만한 고객을 찾는 것이야말로 장기적 성장의 열쇠이다. 이러한 관점은 '린 스타트업(Lean Startup)' 방법론과도 맞닿아 있다. 린 스타트업은 '최소유효제품(Minimum Viable Product)'을 시장에 빠르게 선보이고, 고객 피드백을 반영해 지속적으로 개선해 나가는 것을 핵심으로 한다. 완벽한 솔루션을 만들기 전에 고객과 먼저 소통하고, 그들이 진정으로 원하는 것을 파악하는 것이다. 완벽한 솔루션보다 중요한 것은, '고객과 먼저 연결되는 것'이다. 린 스타트업의 핵심은 빠르게 실행하고, 작게 실험하며, 꾸준히 개선하는 데 있다.

스티브 블랭크(Steve Blank)는 이를 '고객 개발(Customer Development)'이라 불렀다. 고객과의 지속적인 소통을 통해 우리가 만드는 것과 고객이 원하는 것 사이의 접점을 찾아가는 과정이다. 이는 화려한 기술이나 막대한 마케팅 예산보다 훨씬 가치 있다. 실제로 유튜브와 같은 세계적인 서비스도 초기에는 마케팅에 거의 투자하지 않았다. **대신 소수의 열성 팬을 확보하고, 그들의 자발적인 입소문에 집중했다.** 이러한 팬들이 지금의 폭발적인 성장을 이끌어낸 것이다.

아이디어가 영향력을 미치는 과정

우리는 "모든 사람을 위한 것"이라는 환상에서 벗어나, 우리와 함께할 최소한의 사람들을 찾는 겸손함이 필요하다. 그들에게 깊이 공감하고, 그들의 언어로 소통하며, 그들이 열광할 만한 가치를 지속적으로 전달해야 비즈니스의 지속 가능한 성장이 가능하다. 이를 위해 다음의 7가지 아이디어가 영향력을 미치는 과정[12]을 점검해 보자.

- 억지로 꾸미지 말고, 진정성 있게 공감하라.
- 최소유효시장을 정의하고, 그들에게 집중하라.
- 돕고자 하는 사람들과 깊이 연결하라.
- 그들이 자발적으로 입소문을 낼 수 있도록 감동을 선사하라.
- 그들의 신뢰를 얻고 유지하기 위해 노력하라.
- 그들을 위해 할 수 있는 일을 지속적으로 찾아 나서라.
- 그들 곁에 자주 머물며, 겸손한 자세로 그들의 목소리에 귀 기울여라.

작은 시장에서의 신뢰는, 큰 시장보다 훨씬 깊고 오래간다.
입소문은 마케팅이 아니라, 진정한 감동이 만든 결과다.

공연장이 끝난 후 기립박수가 시작되려면 몇 명의 사람이 먼저 일어나야 할까? TED 강연의 경우 단 3명만 일어나면 된다. 브로드웨이 공연

---

12) 세스 고딘, 『마케팅이다』에서 인용.

  당신의 아이디어는 왜 돈이 되지 않는가

도 마찬가지다. 극장 이곳저곳에 15명만 앉아 있으면 충분하다[13]. 열광적인 소수는 변화의 시작이 된다. 우리는 '넓은 시장'이라는 허상 대신, '밀도가 높은 좁은 시장'을 공략해야 한다. (그림 참조) 흩어진 점이 아니라 뭉쳐진 점들이 폭발적인 반응을 만든다."

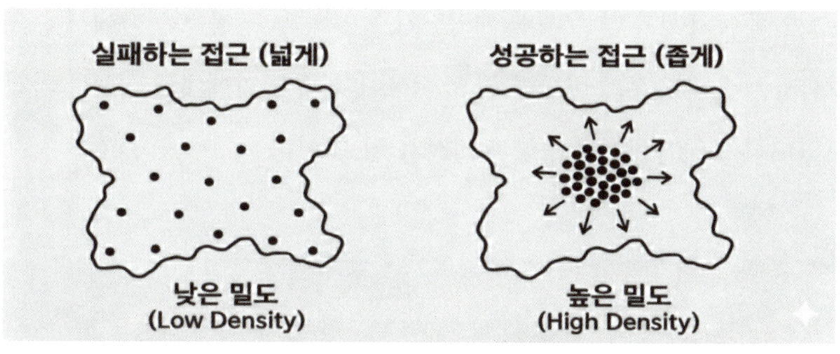

(그림) 전국을 대상으로 마케팅하지 마라. 넓게 흩어진 1,000명보다 좁게 뭉친 10명의 '밀도'가 폭발적인 입소문을 만든다. 판교의 당근마켓, 홍대의 토스가 그랬던 것처럼.

강남역이 아니라 '고객이 모인 방'에서 시작하라

지금은 전국 250여 개 매장을 보유한 외식 브랜드 '생활맥주'의 시작은 여의도의 한 폐업한 꽃집 자리였다. 권리금도 없는 공간이었지만, 생활맥주 창업자 임상진 대표는 이곳에서 기회를 발견했다. 그는 『상권을 이기는 작은 가게 성공 법칙』에서 다음과 같이 말한다.

"1호점이 생기기 전, 서울 여의도는 구매력이 높고 주거와 오피스가

---

13) 세스 고딘(Seth Godin)의 저서 『마케팅이다(This Is Marketing)』에서 '위상(Status)'과 '동조(Affiliation)'를 설명하며 기립박수의 메커니즘을 설명했다.

혼재된 훌륭한 상권이 있음에도, 수준 높은 맥주와 고객을 만족시킬 분위기의 공간이 없었다. 모두 오래되고 변화 없는 상점들만 즐비했다."

생활맥주는 이 틈을 공략해 오픈 후 몇 주 만에 여의도에서 가장 주목받는 술집으로 자리 잡았다. 반대로 이태원, 경리단길, 해방촌 등 이미 수제 맥주 가게가 많은 지역은 의도적으로 피했다. **장소 선택에서 중요한 것은 존재 여부가 아니라 필요 여부이다. 누군가에게는 실패한 자리도, 다른 누군가에게는 성공의 기회가 될 수 있다.**

(그림) 생활맥주가 처음 시작된 여의도의 폐업한 꽃집(출처: 동아일보)

 당신의 아이디어는 왜 돈이 되지 않는가

하지만 많은 초보 창업자들은 '요즘 뜨는 아이템'을 먼저 선택한 뒤, 그에 맞는 상권을 찾으려 한다. 이는 순서가 잘못된 접근이다. 여의도의 한 상가는 꽃집에게는 최악의 장소였지만, 생활맥주에게는 최적의 장소가 되었다.

크기보다 밀도

당근마켓의 시작은 '당신 근처'가 아닌 '판교장터'였다. 2015년 창업 당시, 판교는 IT 기업과 스타트업이 밀집한 지역이었다. 점심시간이나 짧은 휴식 시간에 중고 물품을 교환하기에 적합한 환경이었다. 창업팀은 이러한 지역적 특성을 활용해, 당근마켓의 실험을 판교에서 시작했다. **중요한 것은 지역의 크기가 아니라 고객 밀도이다.** 당근마켓은 고객과 그들의 활동이 동시에 집중된 장소에서 시작했기 때문에 빠른 반응을 얻을 수 있었다.

이와 유사한 예로, 송금앱 토스는 초기 홍대와 연남동 일대의 10대, 20대가 자주 찾는 가게들에서 확산되었다. 신용카드가 없는 젊은 세대가 간편 송금 기능을 필요로 했고, 상인들도 이를 반겼다. 홍대는 작은 가게들이 밀집된 특수한 상권이었고, 토스는 이 지역에서 성장 가능성을 실험하고 확인했다. 이후 신촌, 건대, 강남 등으로 확장되었지만, 출발점은 분명했다.

온라인 서비스에도 활동이 집중되는 '디지털 상권'은 존재하며, 그 시작점은 명확해야 한다. 400만 대학생 필수 앱 '에브리타임' 역시 시작은 서울대학교라는 단 하나의 캠퍼스였다. 개발자는 거창한 목표 대신 학우들의 '시간표 작성' 불편을 해결하는 웹 위젯에 집중했다. 반응은 폭발적이었다. 학생들은 시간표를 중심으로 모여들어 자연스럽게 정보를 공유하기 시작했다. 서울대라는 밀도 높은 공간에서 필수재로 검증받은 이 성공 모델은, 이후 전국 대학으로 확장하는 강력한 토대가 되었다. 만약 처음부터 전국을 대상으로 했다면, 텅 빈 게시판을 보며 방문자들은 금세 떠나버렸을 것이다.

생활맥주는 여의도에서, 당근마켓은 판교에서, 토스는 홍대에서, 에브리타임은 서울대에서 시작했다. **이들은 공통적으로 작지만 밀도 높은 장소를 중심으로 초기 솔루션을 실험했고, 반응을 확인한 후에 확장했다.**

어떤 행동이 비즈니스를 만들까

수십 년간 글로벌 기업에서 일했던 소프트랜더의 대표이사는, 해외 지사로 발령받은 직원 지원 업무의 비효율을 누구보다 잘 알고 있었다. "왜 이렇게 간단한 일도 매번 어렵게 반복될까?" 이 질문에서 출발한 창업이 '소프트랜더스'였다. 솔루션이 완성되기도 전, 그는 고객의 행동을 먼저 관찰했다. 대표이사가 찾은 핵심은, 국내 지사로 발령받은 외국인

 당신의 아이디어는 왜 돈이 되지 않는가

직원과 현지 서비스 제공자 간의 긴밀한 연결이었다. **그 '연결'이야말로 고객 경험을 완성하는 마지막 퍼즐 조각이다.**

플랫폼이 세상에 나오기 전부터, 소프트랜더스는 고객에게 필요한 '적합한 행동'을 명확히 정의하고 있었다. 향후 플랫폼의 목표 역시, 해외 발령을 앞둔 고객이 이사, 집 구하기, 자녀 학교 등록, 자동차 렌탈, 보험 등 모든 과정을 편리하게 탐색하고 구매할 수 있는 원스톱 서비스를 제공하는 것이었다.

해외 발령을 받은 직원은 대부분이 낯선 환경에 놓이게 된다. 마찬가지로, 한국 기업으로부터 발령을 받은 외국인 직원에게도 국내 생활은 복잡하고 어렵게 느껴진다. 이들에게 가장 중요한 것은 여러 관련 기관 및 사람들과의 원활한 소통이다. 소프트랜더스는 이 점을 정확히 이해하고 있었다. 만약 이 연결을 한 번이라도 성공적으로 구축하면, 이후에는 확장 가능성이 크게 열린다고 판단했다. 실제로 이들은 플랫폼 제작에 앞서, 고객 행동을 단순하게 만들기 위해 '플로(flow)'라는 커뮤니케이션 툴을 먼저 도입했다. 월 수천 원대의 구독 요금으로 도입 가능한 도구였으며, 핵심 활동에 적합하다는 판단 하에 빠르게 실행했다. 적합한 활동을 명확히 알고 있었기 때문에, 이를 지원할 도구도 올바르게 선택할 수 있었다. 이는 스타트업이 효율적으로 실행을 시작하는 전형적인 사례라 할 수 있다.

적합한 행동을 찾는 세 가지 방법

초기 비즈니스의 성패는 '고객이 우리 솔루션 안에서 어떤 행동을 하게 만들 것인가'를 정의하는 데 달려 있다. 이를 위해 다음과 같은 방법들을 활용할 수 있다.

먼저 인터뷰이다. 인터뷰는 가장 간단하면서도 효과적인 방법이다. 고객 수가 적거나 아직 존재하지 않아도 실행 가능하다. 프로토타입을 제시한 뒤 인터뷰를 통해 고객의 반응을 관찰하면,

- 솔루션을 사용하는 방식
- 고객이 느끼는 핵심 가치
- 특별한 사용 패턴 등을 파악할 수 있다.

직접적인 피드백을 통해, 고객이 실제로 어떤 지점에서 '행동'을 취하는지 직관적으로 확인할 수 있다.

두번째로 행동 분석이다. 고객의 행동을 직접 보면서 패턴을 분석하는 방법이다. 고객이 우리가 의도한 흐름(user flow)을 충실히 따르고 있는지, 혹은 예상하지 못한 방식으로 솔루션을 사용하는지를 파악할 수 있다. 동행 분석은 솔루션의 실제 사용 방식과 의도된 설계 간의 간극을 좁히는 데 유용하다. 이를 통해 창의적인 사용 방식이나 기능 개선 아이디어도 도출할 수 있다.

    당신의 아이디어는 왜 돈이 되지 않는가

마지막으로 데이터 기반 지표 추적이다. 예상되는 핵심 활동을 정량적으로 측정하는 방법이다. 예를 들어, '채팅하기', '댓글 쓰기'와 같은 특정 행동을 정의하고, 일정 기간 동안 고객들이 이 행동을 얼마나 자주 실행하는지를 추적한다. 데이터 분석은 설득력 있는 수치를 제공하며, 판단과 의사결정을 명확하게 해준다. 정량 지표는 팀 내 공유와 투자자 커뮤니케이션에도 매우 효과적이다.

시장검증 단계에서 말하는 '실패 확률 0%'란, 시장이 원하지 않는 제품을 만드느라 인생을 허비할 확률을 0%로 만든다는 뜻이다. 검증 없는 무모한 도전을 하지 말아야 한다. 어떤 비즈니스이든, 고객에게 적합한 행동은 반드시 존재한다. 이를 정확히 정의할 수 있다면, 집중해야 할 핵심이 생기고, 필요한 기술 도구도 명확히 찾을 수 있으며, 성장의 방향도 구체화된다. **초기 성장을 원한다면, 적합한 행동을 찾아내고 이를 강화해야 한다.** 그것이 생존 가능성을 높이는 첫걸음이 된다.

Key Takeaway: 4단계 시장검증

- 시장은 가설을 시험하는 실험실이다
- 초기 반응과 데이터가 곧 솔루션의 생존 여부를 결정한다
- AI는 작은 시장에서의 빠른 검증을 한다

아래의 비즈니스 프레임워크와 AI 프롬프트는 4단계 '시장 검증' 방법에 도움을 줄 수 있는 것이다. ChatGPT에 각 프레임워크에 해당하는 프롬프트를 입력하면 적절한 조언을 얻을 수 있다. 또한 진행하는 프로젝트를 위해 여러 가지 프레임워크 중 가장 적합한 프레임워크를 AI에게 추천받아 자유롭게 선택하고 조합하여 사용할 수도 있다.

활용 가능한 6가지 프레임워크

1) Lean Startup Loop(Build - Measure - Learn): 빠른 학습과 개선을 위한 반복.

2) A/B Testing: 두 가지 옵션의 효과를 비교하여 최적화.

3) MVP(Minimum Viable Product): 최소 기능으로 시장 반응 테스트.

4) Smoke Testing: 가설을 빠르게 검증하기 위해 단순화된 솔루션 테스트.

5) Customer Feedback Loop: 고객 피드백을 수집하고 반영.

6) Cohort Analysis: 고객 행동 패턴을 분석하여 솔루션 적합성을 판단.

  당신의 아이디어는 왜 돈이 되지 않는가

* QR 코드를 스캔하여 바로 프롬프트를 복사하고 붙여 넣기 하세요.

1. Lean Startup Loop(Build - Measure - Learn)

Lean Startup Loop는 **Build(개발) → Measure(측정) → Learn(학습)**의 반복 과정을 통해 빠르게 시장 반응을 확인하고 개선하는 도구다. 이 과정을 통해 자원을 최소화하면서 고객에게 적합한 솔루션을 지속적으로 구현할 수 있다.

AI 프롬프트:

"나는 A라는 비즈니스를 준비 중인데, 시장 반응을 빠르게 확인하고 솔루션을 반복적으로 개선하고 싶어. Lean Startup Loop(Build - Measure - Learn)를 활용해 고객 피드백을 반영하며 솔루션을 발전시킬 방법을 알려줄 수 있을까?"

2. A/B Testing

A/B Testing은 두 가지 옵션(A와 B)의 효과를 비교하여 더 나은 결과를 선택하는 도구다. 디자인, 메시지, 기능 등 다양한 요소를 테스트하며 최적의 옵션을 도출할 수 있다.

"나는 A라는 비즈니스를 준비 중인데, 두 가지 아이디어나 디자인 중 어떤 것이 더 효과적인지 결정하지 못하고 있어. A/B Testing을 활용해 두 옵션의 성과를 비교하고 최적의 선택을 도출할 수 있도록 도와줄 수 있을까?"

3. MVP(Minimum Viable Product)

MVP는 최소한의 기능만 포함한 솔루션으로, 시장 반응과 고객 피드백을 빠르게 확인할 수 있는 도구다. 초기 구현 비용을 줄이고 실질적인 검증 과정을 통해 방향성을 잡는 데 유용하다.

"나는 A라는 비즈니스를 준비 중인데, 초기 솔루션을 완성하기 전에 고객 반응을 확인하고 싶어. MVP(Minimum Viable Product)를 통해 시장 반응을 검증하고 방향성을 설정할 수 있도록 도와줄 수 있을까?"

4. Smoke Testing

Smoke Testing은 단순화된 솔루션 프로토타입을 사용해 초기 시장 반응을 빠르게 검증하는 도구다. 솔루션을 실제로 구현하기 전 고객의 관심과 수요를 확인할 수 있다.

"나는 A라는 비즈니스를 준비 중인데, 실제 솔루션을 개발하기 전에 고객의 관심을 검증하고 싶어. Smoke Testing을 활용해 아이디어를 검증하고 시장의 수요를 확인할 방법을 알려줄 수 있을까?"

5. Customer Feedback Loop

Customer Feedback Loop는 고객으로부터 피드백을 지속적으로 수집하고 이를 반영하여 서비스를 개선하는 도구다. 고객의 니즈를 이해하고 문제를 해결하는 데 효과적이다.

"나는 A라는 비즈니스를 준비 중인데, 고객의 피드백을 효과적으로 수집하고 이를 솔루션 개선에 반영하고 싶어. Customer Feedback Loop를 활용해 지속적으로 개선할 방법을 알려 줄 수 있을까?"

6. Cohort Analysis

Cohort Analysis는 특정 시점이나 조건에서 행동한 고객 그룹(코호트)의 행동 패턴을 분석하는 도구다. 이를 통해 고객 유지, 이탈, 행동 변화 등의 데이터를 파악하고 솔루션의 적합성을 판단할 수 있다.

"나는 A라는 비즈니스를 준비 중인데, 고객의 행동 패턴을 분석하여 솔루션의 적합성을 평가하고 싶어. Cohort Analysis를 활용해 고객 데이터를 기반으로 유의미한 통찰을 얻는 방법을 알려줄 수 있을까?"

워크샵 4단계 시장검증 캔버스

위의 프레임워크를 다양하게 활용해 본 후에는 다음과 같은 AI프롬프트를 통해 시장 검증을 준비하여 실행하고, 아래의 항목을 정리하여 캔버스를 채워보자.

"나는 [A] 비즈니스를 준비 중인데, 최소 고객, 최소 시장을 선정하고 최적의 장소, 적합한 행동, 마중물 붓기 위한 프로모션을 통해 시장 검증을 진행하려고 해. 언급한 각 항목에 해당하는 내용을 제안해 줄 수 있을까?"

시장검증 캔버스

- 고객의 1차 경험과 피드백

- 고객의 2차 경험과 피드백

- 팀의 교훈과 적용점

3부

비즈니스(Business)

수익화 — 돈버는 구조를 AI로 설계하라

비즈니스 모델은 매우 투명하게 진화하고 있으며, 소비자는 더 많은 정보를 보게 될 것이다.

— 리카이푸(Kai - Fu Lee), 시노베이션 벤처스 회장 —

비즈니스는 수익 모델이 있어야 지속될 수 있다.

수익을 창출할 구조를 설계하고, 고객을 확보할 전략을 세워야 한다.

운영 비용과 수익 흐름을 균형 있게 고려하여, 반복 가능한 비즈니스 모델을 구축해야 한다.

수익화는 언제, 어떻게 시작하나?

비즈니스 모델은 기업이 어떻게 가치를 창출하고, 전달하며, 수익으로 회수할지를 정의하는 체계다. 이제는 가치를 제공하는 것뿐만 아니라, 그에 대한 **대가를 어떻게 받을 것인지**까지 연결해야 한다. 솔루션이

당신의 아이디어는 왜 돈이 되지 않는가

아무리 훌륭하더라도, 그것만으로 성공이 보장되지는 않는다. 고객의 반응과 참여를 이끌어낼 수는 있지만, 수익화는 또 다른 문제다. 고객을 데려오고, 참여시키는 데 성공했다면, 다음 단계는 이를 수익으로 연결하는 것이다. 수익이 발생하지 않는다면 그것은 비즈니스가 아니다. 그저 '비싼 취미 생활'일 뿐이다.

라이너(Liner): "우리는 처음부터 돈이 되는 문제를 풀었다"

한국의 생성형 AI 스타트업 '라이너(Liner)'는 AI 거품론 속에서도 창업 초기부터 흑자를 달성하며 독보적인 성장[14]을 이뤄냈다. 많은 AI 기업들이 막대한 서버 비용을 감당하며 '무료 사용자'를 모으는 데 급급할 때, 라이너는 다른 길을 택했다. 김진우 대표는 단순히 '대화하는 AI'를 만드는 경쟁 대신, "사람들이 언제 지갑을 여는가?"에 집중했다. 그가 발견한 것은 대학생과 연구원들의 '고통'이었다. 그들은 ChatGPT가 그럴싸한 거짓말(환각 현상)을 할 때마다 팩트 체크를 위해 다시 구글링을 해야 하는 번거로움을 겪고 있었다.

라이너는 이 문제를 해결하기 위해 '출처가 명확한 AI 검색' 기능을 핵심 가치로 내세웠다. 전 세계 1,100만 명의 사용자가 밑줄 그은 (Highlighting) 양질의 데이터를 기반으로, 신뢰할 수 있는 답변만을 제공했다. 결과는 적중했다. **정확한 정보가 생명인 전문직과 학생들은 기**

---

14) 정희원, "'글로벌이라는 환상에서 깨어나라'… 김진우 라이너 대표의 도전기", 더밀크(The Miilk), 2025년 5월 4일.(김진우 대표는 범용 AI 모델을 만드는 경쟁 대신, '신뢰할 수 있는 정보'라는 구체적인 문제를 해결함으로써 사용자에게 선택받는 수익화 전략을 강조했다.)

꺼이 월 구독료를 지불했고, 라이너는 이를 통해 안정적인 수익 구조를 조기에 확립했다.

'일단 무료로 풀고 나중에 돈을 벌자'는 생각은 플랫폼 시대의 유물일지 모른다. 라이너의 사례는 "확실한 가치를 준다면, 고객은 첫날부터 돈을 낸다"는 사실을 증명한다. 수익화는 나중에 고민할 문제가 아니라, 비즈니스 설계의 첫 단추여야 한다.

우버 사례: 손실에서 수익으로 전환하기까지

우버의 공동 창업자에 따르면, 2016년 당시 우버는 매주 약 5,000만 달러를 승객과 운전자에게 인센티브로 지급했다. 결과적으로 연간 10억 달러가 넘는 손실을 기록했다. 우버는 2010년 첫 출시 당시에도 운전자에게 보조금을 지급하며 네트워크를 확장했다. 대표적인 예는 시간당 25달러 수입을 보장하는 제도였다. 수입이 25달러에 미치지 못하면, 그 차액은 우버가 부담했다.

하지만 시간이 지나면서 네트워크가 활성화되자, 점차 보조금 없이도 시간당 25달러 이상을 버는 운전자가 많아졌다. 우버의 전략은 초기 손실을 감수하되, 고객 수와 거래량이 증가함에 따라 자연스럽게 수익으로 전환되도록 설계된 것이었다. 이처럼 활성화된 고객 네트워크는 일정 시점 이후 수익으로 연결되며, '돈을 태우는(Cash Burn)' 단계에서

 당신의 아이디어는 왜 돈이 되지 않는가

'돈을 버는(Cash Flow)' 단계로의 전환이 일어난 것이다.

현금 유출에서 유입으로

이처럼 초기에는 고객 확보와 활성화를 위해 현금 유출이 불가피하지만, 그 유출을 멈추고 유입으로 전환하는 전략적 전환점이 반드시 필요하다. 솔루션을 시장에 정착시킨 다음에는, '어떻게 수익으로 연결할 것인가'라는 질문에 답해야 한다. 그것이 바로 비즈니스 모델이 작동하기 시작하는 시점이다.

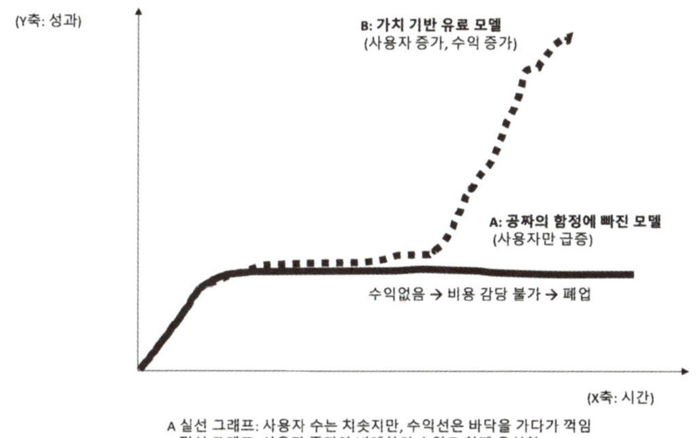

(그림) 사용자 수(방문자)만 늘어나는 '공짜의 함정(A)'에 빠지지 마라. 우리는 사용자 증가와 수익이 함께 성장하는 '가치 기반 모델(B)'을 그려야 한다. 그래야 비즈니스가 생존한다.

공짜의 함정: 처음부터 돈을 받아야 하는 이유

많은 사람들이 창업 후 매출을 위해 가장 쉬운 방법으로 가격을 낮추는 것을 선택한다. "더 싸게 팔면 더 많이 팔릴 것이다"라는 생각은 매우 자연스럽고 유혹적이다. 그러나 가격을 낮추는 것이 항상 정답일까? **싸게 판다는 것은 고객을 끌어들이는 방법일 뿐, 고객의 문제를 근본적으로 해결하거나 차별화된 가치를 제공하는 전략은 아니다.** 오히려 저가 경쟁에 빠지면 비즈니스의 지속 가능성을 스스로 갉아먹게 된다. 단순히 가격을 낮추는 전략은 고객의 문제 해결보다는 판매 부진을 덮기 위한 방편에 가깝다. 이는 같은 솔루션을 더 저렴하게 제공하겠다는 약속일 뿐, 고객 경험의 질적 향상이나 새로운 가치 창출과는 거리가 있다.

저가 전략은 단기적으로 고객을 유인할 수 있지만, 변화와 혁신을 위한 투자 여력을 고갈시키고 결국 시장에서 차별화되지 못하게 한다. 지속적으로 낮은 가격은 솔루션의 인식 가치를 떨어뜨리고, 미래 성장을 위한 자원 확보도 어렵게 만든다.

공짜의 함정과 가능성

전통적인 비즈니스 모델에서는, 가치를 제공하고 그에 대한 대가를 받는 구조가 일반적이다. 사람들에게 유용한 물건이나 서비스를 제공하고, 그에 맞는 금액을 청구하는 방식이다. 하지만 디지털 시대의 많은 서비스들은 전혀 다른 접근을 택했다. 네이버는 검색을, 카카오톡은 메신저를, 유튜브는 영상 콘텐츠를 모두 무료로 제공했다. 전통적 관점에서는 이상해 보일 수 있지만, 그동안의 디지털 비즈니스에서는 자연스러운 전략이었다. 그러나 이 점에서 주의가 필요하다. 공짜는 단순히 '더 싸게 주는 것'이 아니라, 완전히 다른 거래의 영역이기 때문이다.

공짜로 주면 안 되는 이유는 두 가지다.

1) **사람들은 단순히 물건을 얻는 것이 아니라, 선택과 결정이라는 심리적 과정을 거친다.** '공짜'는 고객의 판단 과정을 무력화시키고, 결국 솔루션의 가치마저 '0원'으로 인식하게 만든다. 수익 없는 비즈니스에는 내일이 없다. 통장에 돈이 꽂히지 않는다면, 당신은 사장이 아니라 그저 '바쁜 백수'다.

2) **수익이 없으면, 비즈니스에 재투자할 수 있는 여력이 사라진다.** 가난한 비즈니스는 결국 고객을 배신한다. 곳간이 비었는데 무슨 수로 혁신하겠는가? 수익을 포기하는 건 '고객을 위한 희생'이 아니라, 서비스의 수명을 단축시키는 '자해 행위'다.

자신 없다면 무료로 풀고, 확신하면 가격표를 붙여라

아이디어가 비즈니스가 되기 위해서는 고객이 실제로 돈을 지불해야 한다. 무료 서비스를 먼저 제공한 뒤, 프리미엄 유료 모델로 전환하는 방식은 충분히 검증되었으며 지금도 널리 활용되고 있다. 그러나 자금과 인력이 부족한 스타트업에게 "일단 가치를 제공하면 수익은 따라온다"는 조언은 현실적이지 않다. **인스타그램, 링크드인, 트위터, 구글 같은 빅테크 성공 사례를 그대로 따라 할 수는 없다.** 만약 고객에게 제공하는 비즈니스가 어느 정도 검증되었다면, **처음부터 유료로 시작해도 무방하다.** 예를 들어, 넷플릭스는 한 달 무료 이용이 가능하지만, 사전 결제 정보 등록이 필수다. 기간이 지나면 자동으로 유료로 전환된다. 비슷한 동영상 서비스는 디즈니+, 웨이브, 티빙 등도 같은 구조를 택하고 있다.

반면 유튜브는 끝까지 무료로 사용 가능하지만, 일부 고객에게 광고를 보도록 하는 프리미엄 유료 상품을 제안한다. 유튜브의 인기가 높아지자 넷플릭스는 2025년도에는 월 5,500원에서 월 7,000원으로 '광고형 스탠다드' 요금을 올렸다. 프리미엄(17,000원)이나 스탠다드(13,500원)에 비해 절반 이하의 가격이지만, 여전히 유료 모델이다. 이처럼 유료 모델이 가능해지는 이유는, 고객이 느끼는 '가치'가 충분히 높기 때문이다. 따라서 처음부터 유료 서비스를 설계하고자 한다면, 그에 걸맞은 높은 가치를 반드시 함께 제시해야 한다.

"가격을 낮출까?" 보다 "가치를 높일까?"

건강관리 앱 '챌린저스'를 만든 화이트큐브의 최혁준 대표는 "처음부터 유료로 제공할 것이라면, 가격을 낮추기보다는 가격에 맞는 가치를 만들자"고 말한다. 그는 창업 전후의 사고방식 차이를 페이스북에 다음

     당신의 아이디어는 왜 돈이 되지 않는가

과 같이 정리했다.

진짜 가치를 만들어야 한다.

(가치를 만들고 있다고 스스로를 속이지 말아야 한다)

창업 전: 무료 서비스 → 이후 비즈니스 모델 개발(freemium 전략)

창업 후: 유료 서비스 → 가치를 만들고 있다면 처음부터 돈을 받아도 된다.

스타트업을 시작하기 전에는 이론적으로 프리미엄 모델이나 광고 기반 모델이 매력적으로 보일 수 있다. 하지만 실제로 투자를 받고, **수입보다 더 많은 지출이 발생하는 상황에 직면하면 가치를 기반으로 한 유료 모델을 처음부터 설계하는 것이 오히려 현실적이고 지속 가능한 전략이 된다.** 당신의 솔루션이 진짜 문제를 해결한다면, 당당하게 가격표를 붙여라. 결제야말로 최고의 칭찬이다.

한 번 팔지 말고, 평생 파는 시스템을 만들어라

지속적으로 돈을 지불하는 고객을 확보하기 위해서는 구독 모델이 매우 유용하다. 특히 **처음부터 유료 결제를 유도하기에 적합한 구조다.** 하지만 구독 모델을 성공적으로 운영하려면 다음 세 가지를 반드시 고려해야 한다. 구독 모델은 단발성 판매가 아니라 지속적인 고객 만족과 관계 유지를 전제로 한다. 신규 가입자 수만큼이나 이탈률 관리가 중요하다. 창업가의 비즈니스가 만족스럽지 않으면 고객은 언제든 구독을 멈출 수 있기 때문이다. **고객이 느끼는 가치가 구독 연장 여부를 결정한다.** 꾸준히 개선하고 피드백을 반영해야만, 고객은 구독을 유지한다. 결제 주기, 포함된 상품과 서비스, 배송 방식 등도 고객 만족에 큰 영향을 미친다. 결국 구독 모델의 성공은 단순 판매가 아닌 서비스 제공자라는 관점에서 고객경험을 설계할 때 가능해진다.

더 많은 고객보다 '더 적절한' 고객을 찾아라

구독 모델은 정확한 고객과의 깊은 관계 형성이 핵심이다. 따라서 처음에는 세밀한 소수의 가망 고객을 설정하고, 이들과 신뢰를 쌓아가는 방식이 중요하다. 여기서 중요한 관리 지표는 다음 세 가지다:

- 월간 유료 전환율
- 연간 유료 전환율
- 구독 이탈률

눈에 띄는 점은 이 지표에 '신규 고객 수'가 빠져 있다는 것이다. 신규 유입도 중요하지만, 구독 모델에서 더 중요한 것은 **기존 고객과의 유지 관계**다. 예를 들어, 음악 서비스 벅스와 엠넷뮤직에서 근무하던 당시, 유료 고객 확보를 위한 다양한 프로모션을 진행했지만, **체류 시간이 3초도 되지 않는 고객이 90%에 달하는 결과**를 마주한 일도 있었다. 구독 모델의 성공은 '아무나 많이' 들어오는 데 있지 않다. 우리 솔루션을 지속적으로 사용할 '정확한' 고객, 그리고 그들과의 지속적인 관계가 핵심이다.

가치는 높게, 비용은 낮게 유지하라

구독 모델은 일정 금액을 받고 정기적으로 서비스를 제공하는 구조다. 따라서 **소비자 입장에서는 가격 대비 가치가 충분히 높아야 하며, 기업 입장에서는 그 가치를 제공하는 비용이 낮아야 한다.** 이 간단한 원칙을 무시하면, 아무리 고객이 많아도 비즈니스는 지속될 수 없다.

미미박스(Memebox)는 초기 '구독 박스' 모델의 비용 문제로 중단 후, 커머스/브랜드로 변경하였다. 구독 모델의 물류/큐레이션 비용 한계는 비용이 고객이 내는 구독료보다 높았다. 반면, 멜론처럼 디지털 콘텐츠 기반의 구독 서비스는 구조적으로 효율적이다. 고객은 월정액으로 무제한 스트리밍을 이용할 수 있고, 실제 재생된 횟수만큼 저작권료를 지불하기 때문에 사용하지 않는 고객이 많은 경우 수익성이 높아진다. 구독 모델에서는 '제공하는 가치'와 '소요되는 비용' 사이의 균형이 매우 중요하다. 1인 기업이든 대기업이든, 이 계산이 명확하지 않으면 지속 가능한 구독 모델을 만들 수 없다.

고객이 도움받을 때 비즈니스가 완성된다

많은 사람들은 비즈니스를 '솔루션을 판매해 돈을 버는 일'로 생각한다. 그러나 진정한 비즈니스는 판매를 넘어, 고객의 삶을 더 나은 방향으로 변화시키는 것이다. 고객이 원하는 것은 단지 기능이나 가격이 아니다. 그들이 기대하는 것은 **'이 솔루션이 내 삶을 어떻게 바꿀 수 있을까'라는 경험과 의미**이다. 고객의 문제를 해결하고, 그들이 하고자 하는 일을 돕는 것이야말로 진짜 비즈니스다. 왜 그런지 살펴보자

1. 고객을 돕는 일은 강한 인상을 남긴다

비즈니스는 고객의 문제를 해결하고, 삶을 변화시키는 데 집중해야 한다.

고객의 꿈과 욕망을 실현할 수 있을 때, 비즈니스는 지속 가능한 성장과 강력한 브랜드 가치를 만들어낸다.

2. 문제 해결의 수준이 곧 비즈니스의 성장이다

고객이 겪는 불편함과 필요를 정확히 짚어내고, 이를 해결하는 솔루션을 제공할 수 있다면 별도의 마케팅 없이도 시장에서 자연스럽게 성장할 수 있다. 입소문은 자발적으로 퍼지고, 고객은 브랜드에 신뢰와 충성도를 형성하게 된다.

3. 감정적 연결은 가치를 배가시킨다

고객의 욕망과 꿈을 이해하고, 이를 실현시켜줄 수 있을 때 고객은 소비자가 아닌 열렬한 지지자로 전환된다. 이들은 자신이 느낀 가치를 주

변에 자연스럽게 공유하고, 브랜드 확산에 직접 기여한다.

4. 기능보다 오래가는 가치는 '경험'이다

기능이나 가격은 경쟁사가 따라잡을 수 있다. 하지만 솔루션을 통해 느낀 감동과 긍정적 변화는 시간이 지나도 고객의 기억에 남는다. 깊은 울림을 주는 솔루션은 시간이 흘러도 계속 선택받는다.

'빨래'에서 시작된 런드리고의 성장

런드리고 창업자 조성우 대표는 첫 스타트업 매각 후 미국으로 떠나 책을 읽으며 쉴 계획이었다. 하지만 어느 날, 차량 도난을 당하는 사건을 겪게 된다. 유리는 깨지고 귀중품은 모두 사라졌지만, 그 안에 있던 빨래는 그대로 남아 있었다. 이 사건을 계기로 그는 '빨래'에 대한 인연을 직감하게 된다. 당시 세탁소를 이용하는 일은 여전히 번거롭고, 서비스 품질은 평가하기 어려웠다. 조성우 대표는 이 불편을 해결하기 위해 '런들렛'을 고안했다.

런들렛은 옷장 형태의 세탁 수거함으로, 고객이 세탁물을 넣어두면 새벽에 수거하고, 세탁 후 다시 집 앞으로 배송하는 방식이었다. 초기에는 런들렛을 무료로 제공하고, 1인 가구를 중심으로 50명의 고객 테스트를 진행했다. 이들은 이전에 세탁 서비스의 혜택을 거의 받아본 적이 없는 고객군이었다.

이후 유료 전환을 시도했고, 대부분의 고객이 유료 고객으로 전환되며 수익화가 시작되었다.

솔루션이 아닌 '경험'을 팔아야 한다

비즈니스의 진정한 가치는 고객을 돕는 데서 시작된다. **고객의 문제를 해결하고, 그들의 욕망과 삶의 질을 향상시킬 수 있을 때,** 비즈니스는 수익 창출을 넘어선다. 우리가 팔아야 할 것은 솔루션이 아니다. 고객의 삶을 더 나은 방향으로 이끄는 '경험'이다.

이제는 단순히 팔지 말자. 고객을 돕자. 그러면 고객도 우리의 비즈니스를 도울 것이다.

그것이 진정한 비즈니스의 시작이다.

Key Takeaway: 5단계 수익화

- 수익 모델이 없다면 비즈니스는 존재할 수 없다.
- 공짜와 유료의 경계는 반드시 설계해야 한다.
- AI는 가격 전략과 수익 구조 설계를 정밀하게 지원한다

AI 활용법: 수익화를 위한 AI 프롬프트

아래의 비즈니스 프레임워크와 AI 프롬프트는 5단계 '비즈니스 모델'을 위한 것이다. ChatGPT에 각 프레임워크에 해당하는 프롬프트를 입력하면 적절한 조언을 얻을 수 있다. 또한 진행하는 프로젝트를 위해 여러 가지 프레임워크 중 가장 적합한 프레임워크를 AI에게 추천받아 자유롭게 선택하고 조합하여 사용할 수도 있다.

활용 가능한 2가지 프레임워크

1) Lean Canvas: 스타트업에 적합한 간결한 비즈니스 모델 설계.

2) Business Model Canvas(BMC): 비즈니스 모델의 전반적인 요소를 체계적으로 설계.

5단계

*QR 코드를 스캔하여 바로 프롬프트를 복사하고 붙여 넣기 하세요.

1. Lean Canvas

Lean Canvas는 스타트업에 특화된 간결한 비즈니스 모델 설계 도구다. 고객 문제, 해결책, 수익 모델 등 핵심 요소를 빠르게 정리하여 방향성을 설정할 수 있다.

"나는 A라는 비즈니스를 준비 중인데, 고객 문제와 해결책, 수익 모델을 체계적으로 정리하지 못하고 있어. Lean Canvas를 활용해 간결한 비즈니스 모델을 설계하도록 도와줄 수 있을까?"

2. Business Model Canvas(BMC)

Business Model Canvas는 비즈니스 모델의 전반적인 요소를 체계적으로 설계하는 도구다. 고객 세그먼트, 가치 제안, 수익 흐름, 자원 등 비즈니스 운영에 필요한 모든 요소를 한눈에 정리할 수 있다.

"나는 A라는 비즈니스를 준비 중인데, 전반적인 요소를 정리하고 체계적인 비즈니스 모델을 만들고 싶어. Business Model Canvas를 활용해 고객 세그먼트, 가치 제안, 수익 흐름 등을 설계하도록 도와줄 수 있을까?"

워크샵 5단계 비즈니스 모델 캔버스

위의 프레임워크를 다양하게 활용해 본 후에는 아래의 항목을 정리하여 캔버스를 채워 보자.

   당신의 아이디어는 왜 돈이 되지 않는가

위의 프레임워크를 다양하게 활용해 본 후에는 1 - 4단계까지 작성한 내용을 기반으로 비즈니스 모델 캔버스를 작성한다. 아래 AI프롬프트를 통해 항목을 정리하여 캔버스를 채워 보자.

"나는 [A] 비즈니스를 준비 중인데, 비즈니스 모델링을 하려고 해. 수익모델, 비용, 매출, 가격 등에 대한 내용을 설계하는 것을 도와줄 수 있을까?"

비즈니스 모델 캔버스

- 고객, 제공가치, 문제점, 프로덕트, 채널, 수익모델, 비용, 매출

측정 — 성장을 증명하는 숫자와 스토리

측정되지 않는 것은 관리될 수 없다.

— 피터 드러커 —

비즈니스의 성장은 '느낌'이 아니라 '증명'하는 것이다. 측정은 우연한 수익을 필연적인 비즈니스 모델로 바꾸는 과정이다.

숫자: 비즈니스가 생존하는 최소 조건

비즈니스 모델을 설계했다면, 이제는 어디로 가야 하는지 보여주는 이정표(Milestone)가 필요하다. 이것은 1인 기업부터 대기업 신사업팀까지 모두 해당한다. 물론 비즈니스가 시작하면 매출, 고객 수를 매일 아침 확인할 것이다. 그러나 이런 측정 지표는 결과에 해당한다. 6단계에서 말하고자 하는 측정은 이 결과를 높이기 위해 무엇이 필요한지 알 수 있는 **고객의 행동에 관한 과정 지표**이다. 그리고 이 이정표는 반드시

‘숫자’로 표현되어야 한다. 과정지표를 숫자로 표현하기 위해서 스타트업들이 성장의 비밀로 꼽는 ‘아하 모멘트(Aha Moment)’는 좋은 기준점이다.

‘아하 모멘트’는 고객이 우리 솔루션을 사용하다가 “아하! 바로 이거야!”라고 외치며 진정한 가치를 발견하는 결정적 순간이다. 창업자는 누구나 고객이 자신의 솔루션을 경험하길 바란다. 하지만 단순히 “가입했다”거나 “접속했다”는 수치는 허상이다. 비즈니스가 되기 위해 필요한 것은 고객이 가치를 체감하고, 습관적으로 재방문하며, 결국 돈을 지불하게 만드는 ‘결정적인 행동의 숫자’다. 성공한 비즈니스의 초기에는 복잡한 데이터 대신, ‘단 하나의 지표’에 집착하며 불확실한 단계를 통과했다. 다음의 사례를 살펴보자.

1. 열품타(열정을 품은 타이머): ‘나의 기록’이 아닌 ‘남의 시선’에 집착하다[15]

수험생 필수 앱, 열품타의 사례를 보자. 스톱워치 앱이니 당연히 ‘내가 얼마나 공부했는가(개인 기록)’가 가장 중요한 지표일 것 같지만 그렇지 않았다. 그들은 데이터 분석 결과, 혼자 시간을 재는 것보다 ‘남들이 공부하는 모습을 보여 주는 것’이 책상 앞에 앉게 만드는 데 훨씬 강력하다는 사실을 발견했다. 그래서 “기록을 정확하게” 대신 “경쟁을 실시간으로” 보여 주는 것에 집중하기로 한 것이다.

---

15) 디지털타임스, “열품타, Z세대 공부법으로 인기… 500만 다운로드 돌파”, https://www.dt.co.kr/article/11396713

그 결과 탄생한 것이 열품타의 핵심인 '실시간 캠스터디' 기능이다. 앱을 켜면 멈춰 있는 내 시간과 쉴 새 없이 올라가는 친구들의 시간을 대비시켜 보여 주며, '나만 뒤처지고 있다'는 건전한 불안감을 자극했다. 이 전략은 적중했다. 친구들과 순공 시간을 비교하기 위해 사용자들이 자발적으로 앱을 켜고 친구를 초대했다. 덕분에 열품타는 마케팅비 없이 입소문만으로 500만 다운로드를 돌파하는 압도적인 성장 구조를 만들었다.

2. 로켓 위젯(Locket Widget): '20명'이라는 제약의 승리[16]

홈 화면에 친구의 사진을 띄워주는 앱 '로켓 위젯'의 성장을 위한 숫자는 20이었다. 보통의 소셜 앱은 '최대한 많은 친구를 초대하라'고 독려하지만, 로켓 위젯은 '친구 추가는 최대 20명까지만 가능하다'는 제약을 걸었다.

이 숫자는 신의 한 수가 되었다. 20명이라는 제한 때문에 사용자는 '진짜 친한 친구'나 '가족'만 신중하게 초대하게 되었고, 이 밀도 높은 관계 속에서 사진 공유는 훨씬 더 빈번하고 친밀하게 일어났다. 앞서 4단계에서 강조했던 '밀도 있는 시장 접근'이 숫자로 증명된 셈이다. 많은 수가 중요한 게 아니다. 서로 반응하는 '진짜 관계의 숫자'가 비즈니스를 살린다.

---

16) Google Play Store, "Locket Widget: Live Pics Description", https://play.google.com/store/apps/
details?id=com.locket.Locket

　　　　　　　　　　당신의 아이디어는 왜 돈이 되지 않는가

3. 슬랙(Slack): '2,000개'의 마법[17]

업무용 메신저 슬랙은 팀원들이 메신저에서 총 2,000개의 메시지를 주고받는 순간을 '아하 모멘트'로 정의했다. 그들의 데이터에 따르면, 이 숫자를 넘긴 팀은 유료 결제나 장기 사용으로 이어질 확률이 무려 93%에 달했기 때문이다. 1,000개도, 3,000개도 아닌 '2,000개'라는 임계점을 넘는 순간, 고객은 우리 서비스를 떠날 수 없는 상태가 된다. 슬랙은 모든 역량을 팀원들이 2,000개의 대화를 나누게 하는 데 집중했고, 이는 슬랙을 역사상 가장 빠르게 성장한 B2B 소프트웨어로 만들었다.

위의 사례들이 보여주는 공통점은 명확하다. **특정한 행동**이, **특정한 시점** 내에, **반복**될 때 비로소 고객이 정착한다는 것이다. 하지만 여기서 주의할 점이 있다. 1인 기업과 같은 소규모 창업자에게는 기다려줄 시간도, 무한한 자본도 없다. 따라서 아하 모멘트는 반드시 '지갑을 여는 순간'과 연결되어야 한다. 단순히 기능을 써보는 것을 넘어, 가치 있는 경험이 유료 결제나 재구매로 이어질 때 비즈니스는 비로소 생존할 수 있다.

스토리: 고객이 만족하는 지점

숫자가 비즈니스의 '생존'을 증명한다면 스토리는 비즈니스의 '존재 이유'에 해당한다. 숫자는 논리로 설득하지만, 스토리는 감성으로 전파

---

17) Growth Letter, "Slack's $3 Billion Growth Strategy", https://www.growth - letter.com/p/slacks - 3 - billion - growth - strategy

된다. 즉, 스토리는 감성적인 설득이고, 숫자는 그 가치를 증명하는 논리다. 고객이 경험한 성공 사례는 단지 개인적인 경험에 그치지 않는다. **다른 고객에게 신뢰와 영감을 제공하는 강력한 전파력**이 있다.

비즈니스에는 스토리(Narrative)와 숫자(Number), 이 두 축이 함께 작동해야 한다. 앞서 언급한 아하 모멘트가 '숫자 만들기'라면, 고객의 문제 해결 결과는 '스토리 만들기'다. 고객 스토리를 구축할 때는 다음과 같은 질문을 바탕으로 한다.

- 고객이 가장 크게 느끼는 문제는 무엇인가?
- 고객이 진정으로 원하는 것은 무엇인가?
- 우리 솔루션은 이 문제를 어떻게 해결하는가?

이 질문에 답하면서 구체적인 사례를 만들어가야 한다. 알라미(Alarmy)의 사례는 이를 잘 보여 준다. 알라미는 '세계에서 가장 짜증나는 알람 앱(The World's Most Annoying Alarm App)'이라는 별명으로 불리며 특정 미션을 수행해야만 알람을 끌 수 있는 방식으로 전 세계 1억 명 이상이 다운로드한 글로벌 서비스로 성장했다. 그러나 그 시작은 아이디어가 아니라, 한 개인의 작은 불편에서 출발했다.[18]

---

18) EO(이오) 유튜브 채널, 세계 1위 알림 앱을 한국에서 만들었다고?(https://www.youtube.com/watch?v=9WAbLAob5qU)

    당신의 아이디어는 왜 돈이 되지 않는가

"처음부터 뭔가 하려고 알람이를 만든 건 아니었고요. 제가 필요해서 만들었던 서비스였거든요. 학생 때 아침 일찍 일어나서 뭔가 하는 걸 좋아했는데 잘 못해서, 알람을 맞춰두고 화장실에 두고 자기 시작했어요. 아침에 알람이 울리면 화장실에 가서 알람을 끄고 샤워하고, 이런 식으로 반복했죠. 그러다 이걸 좀 자동화하고 싶다는 생각이 들었어요. 그래서 내가 원하는 곳에 사진을 찍어야만 꺼지는 알람을 만들어야겠다고 생각했고, 거기서 알라미가 시작된 겁니다. 그렇게 하다 보니 오히려 사람들의 문제를 뾰족하게 해결하는 서비스가 됐고, 결국 비즈니스로 성장할 수 있었던 것 같아요."

\- 딜라이트룸 신재명 대표 -

알라미는 창업자의 개인적인 불편에서 출발했지만, 같은 문제를 겪던 수많은 사람들에게 해결책을 제공함으로써 전 세계적인 고객 만족을 만들어냈다. 이는 곧 스토리가 비즈니스를 확장시키는 가장 강력한 힘임을 증명한다. 스토리는 후기나 에피소드가 아니라, **비즈니스의 목적과 가치를 증명하는 핵심 자료**다. 만족한 고객의 이야기는 자연스럽게 또 다른 고객에게 전파되어, 브랜드에 대한 신뢰와 확산을 만들어낸다. 결국, 숫자로 측정되는 성과 뒤에는 고객의 변화된 삶이라는 생생한 이야기가 있다. 그 스토리가 비즈니스를 계속할 수 있는 동기이며, 진정한 성장의 원동력이다.

Key Takeaway: 6단계 측정

- 비즈니스는 숫자로 성과를 증명한다.

- 고객 경험은 스토리로 전해질 때 신뢰가 생긴다.

- AI는 지표를 추적하고 성과를 시각화한다.

당신의 아이디어는 왜 돈이 되지 않는가

아래의 비즈니스 프레임워크와 AI 프롬프트는 6단계 '측정'을 위한 것이다. OKR은 초기 비즈니스에서 목표를 설정하고 이를 달성하기 위한 실행력을 강화하는 데 유용하며, 균형성과표(Balanced Scorecard)는 비즈니스 전반의 성과를 체계적으로 관리하고 균형 잡힌 성장을 하도록 한다. ChatGPT에 각 프레임워크에 해당하는 프롬프트를 입력하면 적절한 조언을 얻을 수 있다.

활용 가능한 2가지 프레임워크

1) OKR(Objectives and Key Results): 도전적이고 명확한 목표와 결과 설정.

2) Balanced Scorecard: 재무, 고객, 프로세스, 학습 관점에서 균형 잡힌 성과 관리.

6단계

*QR 코드를 스캔하여 바로 프롬프트를 복사하고 붙여 넣기 하세요.

1. OKR(Objectives and Key Results)

OKR은 도전적이고 명확한 목표(Objectives)와 이를 측정하는 주요 결과(Key Results)를 설정하여 조직의 방향성과 실행력을 강화하는 도구다. 목표는 달성하고자 하는 것을 정의하고, 주요 결과는 이를 평가할 수 있는 구체적인 기준을 제공한다.

`AI 프롬프트:`

"나는 A라는 비즈니스를 준비 중인데, 명확한 목표를 설정하고 이를 평가할 수 있는 결과 지표를 설계하는 데 어려움을 겪고 있어. OKR(Objectives and Key Results)을 활용해 도전적인 목표와 구체적인 결과를 정의할 수 있도록 도와줄 수 있을까?"

2. 균형성과표(Balanced Scorecard)

균형성과표는 비즈니스 성과를 재무, 고객, 내부 프로세스, 학습과 성장의 4가지 관점에서 균형 있게 관리하는 도구다. 이를 통해 조직의 목표와 실행 계획을 명확히 연결하고 지속 가능한 성장을 도모할 수 있다.

`AI 프롬프트:`

"나는 A라는 비즈니스를 준비 중인데, 비즈니스 성과를 재무, 고객, 내부 프로세스, 학습과 성장 관점에서 체계적으로 관리하고 싶어. 균형성과표(Balanced Scorecard)를 활용해 성과를 효과적으로 측정하고 관

                          당신의 아이디어는 왜 돈이 되지 않는가

리할 수 있도록 도와줄 수 있을까?"

3. 적합한 선택과 활용

OKR과 균형성과표는 둘 다 **목표 설정**과 **성과 관리**를 위한 프레임워크지만, 접근 방식과 활용 목적에 차이가 있다. 아래는 두 프레임워크를 주요 항목별로 비교한 내용이다.

- OKR: 도전적인 목표를 빠르게 설정하고 실행력을 높이고 싶을 때.
- 균형성과표: 조직 전반의 성과를 다양한 관점에서 관리하고 장기적인 전략을 실행하고 싶을 때.

워크샵 6단계 측정 캔버스

위의 2가지 프레임워크를 활용해 본 후에는 아래 AI프롬프트를 통해 항목을 정리하고 측정 캔버스를 채워보자.

AI 프롬프트:

"나는 [A] 비즈니스를 론칭후에 지속적인 성장을 위한 지표를 설정하는 것에 어려움을 겪고 있어. 비즈니스에 적합한 숫자와 스토리를 담은 핵심적인 2가지 지표를 선정하려고 하는데 도와줄 수 있을까?"

측정 캔버스

- 모니터링 가능한 숫자: 방문자, 유료 고객, 추천율, 재방문율, 객단
  가, 매출

- 모니터링 가능한 스토리: 고객의 사용후기, 구매(사용) 후 성공적인
  경험담

측정 캔버스

이타심이 만드는 롱런 비즈니스

우리가 저들의 삶을 어떻게 바꿀 수 있는지
사람들이 당연히 알 거라고 생각하지 말고, 직접 말해줘라.
- 무기가 되는 스토리 작가, 도널드 밀러 -

다시, 처음의 이유를 묻다

이 책은 비즈니스를 시작하는 바로 그 첫 단계에 초점을 맞춘다. 새로운 비즈니스는 대학을 갓 졸업한 20대나 퇴직 후 생계를 꾸려가야 하는 50대에 모두에게 낯설고 막막한 여정이다. 처음에는 원대한 꿈과 기대를 품고 출발하지만, 시간이 흐를수록 그 동기는 쉽게 흐려지기 마련이다. 특히 조금 안정되었다고 생각하는 순간, 목표는 어느새 '고객의 문제 해결'이 아닌 '돈 그 자체'로 바뀌고 만다.

이러한 변화는 단순히 열정과 동기를 잃는 데서 끝나지 않는다. 돈을 좇는 순간 창업가는 지치고, 팀은 분열하며, 고객은 등을 돌린다. 이 책은 지난 시간 동안 그러한 안타까운 장면들을 수없이 지켜보며 어떻게 하면 좋을지에 대한 의문을 품으면서 대안적인 방법을 틈틈이 정리한 것이다. 이는 나 스스로에게 던진 본질적인 질문이자, 지금 비슷한 고민에 놓인 모든 이들에게 전하고 싶은 제안이다. 지금 다시 한번 묻고 싶다. 수많은 두려움에 휩쓸리지 않고도 오래 지속 가능한 비즈니스란 과연 무엇일까? 답은 단순하다. 바로 '다른 사람에게 진심으로 도움이 되는 일'이다. 이것은 종교적이거나 도덕적인 구호가 아니다. 가장 강력하고 끈질긴 생존 전략이다. 결국 비즈니스의 영원한 숙제는 '다른 사람에게 도움이 되는 일을 찾는 것'이다.

여기서 중요한 사실이 있다. '누구를 도와야 하는가?'라는 가장 중요한 질문에 대한 답은 AI가 대신 답해 주지 못한다는 것이다. 이 질문에 답할 수 있는 건 바로 당신뿐이다. 우리의 비즈니스 동기를 AI가 해 줄 수는 없지만, 이 질문에 대한 정답을 가진 사람은 분명히 있다. 역설적이게도 그들은 바로 내 주변의 '다른 사람들'이다.

세상에는 불편함을 호소하는 사람들이 넘쳐난다. 그들의 불평은 곧 '나 좀 도와주세요'라는 신호이다. 당신이 그 신호에 응답하여 문제를 해결해 주는 순간, 비로소 '가치 있는 비즈니스'가 탄생한다. 그러니 골방에 앉아 "나는 반드시 부자가 될 거야"라는 자기 암시 명상을 하는 대신, 지금 당장 문제를 겪고 있는 다른 사람들에게 다가서야 한다. 그들과 대화하고 시간을 보내면서 무엇이 그들을 힘들게 하는지 살펴보자. 당신

　　　　　　　　　당신의 아이디어는 왜 돈이 되지 않는가

의 가슴을 울리는, 그냥 넘어가기 힘든, 마음이 불편해지는 지점을 발견
하게 될 것이다. 그 불편함이야말로 최고의, 그리고 가장 강력한 비즈니
스 동기가 된다. 이 동기를 확실히 찾았다면, 그때 AI는 당신의 사명을
이루기 위한 최고의 공동창업자가 되어 줄 것이다.

그 마음을 잊지 않는다면,
생존을 넘어서 꾸준히 걸어갈 수 있다.
이 책이 그 길의 동반자가 되기를 바란다.

복사해서 바로 쓰는 AI 비즈니스 실전 프롬프트 31선

AI는 비즈니스를 혁신하는 강력한 도구이다. 하지만 이를 제대로 활용하려면, AI를 통해 더 쉽게 문제를 정의하고, 더 빠르게 해결책을 설계하며, 더 놀랍게 시장의 변화를 주도할 방법을 배워야 한다. 아래에 정리한 프롬프트는 책에서 소개한 주제에 대한 가장 적합한 31개의 AI 프롬프트로 구성되어 있다. 이 31개의 AI 프롬프트는 어렵게만 느껴지던 비즈니스 프레임워크를 자유자재로 활용할 수 있도록 해 줄 것이다. QR 코드를 스캔후 프롬프트를 복사해서 ChatGPT에 그냥 엔터만 치면 사용 가능하다.

1단계: 동기 - 5가지

2단계: 문제포착과 아이디어 - 10가지

3단계: 솔루션 - 6가지

4단계: 시장검증 - 6가지

5단계: 수익화 - 2가지

6단계: 측정 - 2가지

당신의 아이디어는 왜 돈이 되지 않는가

책을 다 읽으셨다면, 이제 실행할 차례다. 아래 링크에서 '프롬프트 모음'을 내려 받을 수 있다.

1단계: 동기 – 5가지

1. ASIS TOBE AI 프롬프트:

"나는 A라는 비즈니스를 준비 중인데, 현재 상태와 미래 목표를 명확히 정의하지 못해 어려움을 겪고 있어. 지금 A 비즈니스가 해결하려는 문제와 현황(As - Is)을 분석하고, 고객을 어떻게 도울 수 있을지에 대한 목표(To - Be)를 정의하고 싶어. 나를 도와줄 수 있을까?"

2. PEST 분석 AI 프롬프트:

"나는 A라는 비즈니스의 외부 환경의 영향을 받는 정도를 파악하고 싶어. PEST 분석을 통해 기회와 리스크를 구체적으로 평가하는데 어떻게 나를 도와줄 수 있을까?"

3. 5 Forces(포터의 5가지 경쟁 요인) AI 프롬프트:

"나는 A라는 비즈니스가 경쟁 시장에서 어떤 위치에 있는지 알고 싶어. 포터의 5 Forces 분석을 기반으로 A 비즈니스의 경쟁 환경을 평가하는 것을 도와줄 수 있을까?"

4. SWOT 분석 AI 프롬프트:

"나는 A라는 비즈니스를 준비 중인데, 이 비즈니스의 강점과 약점을 명확히 이해하지 못해 고민하고 있어. 어떻게 SWOT 분석 방법을 통해 도와줄 수 있을까?"

5. Golden Circle(Why - How - What) AI 프롬프트:

"나는 A 비즈니스의 목적과 방향을 명확히 알고 싶어. Golden Circle을 활용해 Why(존재 이유), How(실행 방식), What(제공 가치)를 구체적으로 정리하는 것을 도와줄 수 있을까?"

2단계: 문제포착과 아이디어 – 10가지

1. 디자인 씽킹(Design Thinking) AI 프롬프트:

"나는 고객 중심으로 A라는 비즈니스의 문제를 해결하고 싶어. 현재 고객의 니즈와 문제점을 탐구(공감)하고, 주요 문제를 정의한 후, 창의적인 아이디어를 발상하고 테스트 가능한 솔루션을 도출하고 싶어. 이를 도와줄 수 있을까?"

　　　　　　　　당신의 아이디어는 왜 돈이 되지 않는가

2. Double Diamond Design Process AI 프롬프트:

"A라는 비즈니스에서 고객의 니즈를 깊이 탐구(Discover)하고, 주요 문제를 정의(Define)한 다음, 창의적인 솔루션을 설계하고 실행 가능한 결과물을 도출하고 싶어. Double Diamond 프로세스를 활용해 이를 도와줄 수 있을까?"

3. Customer Journey Mapping AI 프롬프트:

"A라는 비즈니스에서 고객이 처음 접촉부터 서비스 이용까지의 과정을 시각화하여 행동, 감정, 문제점을 파악하고 싶어. 이를 통해 개선할 기회를 발견하도록 도와줄 수 있을까?"

4. The Blue Ocean Strategy AI 프롬프트:

"나는 A라는 비즈니스에서 기존 시장에서 경쟁하는 대신 새로운 시장 기회를 창출하고 싶어. 경쟁이 없는 블루 오션 전략을 활용해 나만의 차별화된 아이디어를 도출하도록 도와줄 수 있을까?"

5. Value Proposition Canvas AI 프롬프트:

"나는 A라는 비즈니스를 준비 중인데, 고객의 문제와 니즈를 분석하고, 이를 해결하기 위한 솔루션의 가치를 정의하는 데 어려움을 겪고 있어. Value Proposition Canvas를 활용해 고객이 원하는 가치를 효과적으로 설계할 수 있도록 도와줄 수 있을까?"

6. Empathy Map AI 프롬프트:

"A라는 비즈니스에서 고객의 생각, 감정, 행동을 명확히 이해하고, 고객이 진짜로 원하는 가치를 도출하고 싶어. Empathy Map을 활용해 고객의 니즈를 파악하도록 도와줄 수 있을까?"

7. Fishbone Diagram(특성요인도) AI 프롬프트:

"나는 A라는 비즈니스에서 문제의 근본 원인을 분석하고 해결 방안을 찾고 싶어. Fishbone Diagram을 사용해 주요 원인들을 도출하고 정리하도록 도와줄 수 있을까?"

8. The Delphi Method AI 프롬프트:

"A라는 비즈니스의 주요 문제를 해결하기 위해 전문가들의 의견을 반복적으로 수렴하고, 합의된 최적의 해결책을 도출하고 싶어. Delphi Method를 활용해 이를 진행하도록 도와줄 수 있을까?"

9. SCQA AI 프롬프트:

"나는 A 라는 비즈니스를 준비 중인데, 고객의 문제와 니즈를 분석하고, 이를 해결하기 위한 솔루션의 가치를 정의하는 데 어려움을 겪고 있어. A시장의 문제를 SCQA 프레임워크를 사용하여 도와줄 수 있을까?"

10. RICE(Reach, Impact, Confidence, Effort) AI 프롬프트:

"나는 지금 [A: 직장인 점심 메뉴 추천], [B: 주말 농장 예약 대행], [C: 중고 전공서적 거래]라는 3가지 아이디어를 두고 고민 중이야. 각 아이디어의 도달 범위(Reach), 영향력(Impact), 성공 가능성(Confidence), 실행 노력(Effort)을 점수화해서, 가장 효율적이고 성공 확률이 높은 아이디어 1개를 추천해 줘. RICE 프레임워크를 기준으로 분석해 줘."

3단계: 솔루션 – 6가지

1. Prototyping Framework AI 프롬프트:

"나는 A라는 비즈니스를 준비 중인데, 아이디어를 빠르게 시제품으로 만들어 테스트하고 싶어. Prototyping Framework를 활용해 솔루션을 구체화하고 고객 피드백을 통해 개선할 방법을 알려줄 수 있을까?"

2. The Theory of Constraints AI 프롬프트:

"나는 A라는 비즈니스를 준비 중인데, 설계 과정에서 비효율적인 병목 구간이 발생하고 있어. The Theory of Constraints를 활용해 병목 구간을 파악하고 해결 방안을 도출할 수 있도록 도와줄 수 있을까?"

3. User Story Mapping AI 프롬프트:

"나는 A라는 비즈니스를 준비 중인데, 고객이 내 솔루션과 상호작용하는 방식을 명확히 이해하지 못하고 있어. User Story Mapping을 활용해 고객의 행동과 경험을 정리하고, 이를 기반으로 효과적인 솔루션을 설계할 수 있도록 도와줄 수 있을까?"

4. 와이어프레임 AI 프롬프트:

"나는 A라는 비즈니스를 준비 중인데, 디지털 솔루션(웹사이트/앱)의 초기 화면 구성과 고객 흐름을 설계하는 데 어려움을 겪고 있어. Wireframing을 활용해 효과적인 화면 구성을 만들 수 있도록 도와줄 수 있을까?"

5. Jobs to Be Done Framework(JTBD) AI 프롬프트:

"나는 A라는 비즈니스를 준비 중인데, 고객이 원하는 결과와 그들이 해결하려는 문제를 명확히 이해하지 못하고 있어. Jobs to Be Done Framework를 활용해 고객이 원하는 '작업'을 이해하고, 그에 맞는 솔루션을 설계할 수 있도록 도와줄 수 있을까?"

6. SCAMPER AI 프롬프트:

"나는 A라는 비즈니스를 준비 중인데, 기존 아이디어를 바탕으로 혁신적인 아이디어를 도출하고 싶어. SCAMPER 프레임워크를 활용해 새로운 솔루션을 제안해 줄 수 있을까?"

4단계: 시장검증(PMF) - 6가지

Lean Startup Loop(Build - Measure - Learn) AI 프롬프트:

"나는 A라는 비즈니스를 준비 중인데, 시장 반응을 빠르게 확인하고 솔루션을 반복적으로 개선하고 싶어. Lean Startup Loop(Build - Measure - Learn)를 활용해 고객 피드백을 반영하며 솔루션을 발전시킬 방법을 알려줄 수 있을까?"

1. A/B Testing AI 프롬프트:

"나는 A라는 비즈니스를 준비 중인데, 두 가지 아이디어나 디자인 중 어떤 것이 더 효과적인지 결정하지 못하고 있어. A/B Testing을 활용해 두 옵션의 성과를 비교하고 최적의 선택을 도출할 수 있도록 도와줄 수 있을까?"

2. MVP(Minimum Viable Product) AI 프롬프트:

"나는 A라는 비즈니스를 준비 중인데, 초기 솔루션을 완성하기 전에 고객 반응을 확인하고 싶어. MVP(Minimum Viable Product)를 통해 시장 반응을 검증하고 방향성을 설정할 수 있도록 도와줄 수 있을까?"

3. Smoke Testing AI 프롬프트:

"나는 A라는 비즈니스를 준비 중인데, 실제 솔루션을 구현하기 전에 고객의 관심을 검증하고 싶어. Smoke Testing을 활용해 아이디어를 검중하고 시장의 수요를 확인할 방법을 알려줄 수 있을까?"

4. Customer Feedback Loop AI 프롬프트:

"나는 A라는 비즈니스를 준비 중인데, 고객의 피드백을 효과적으로 수집하고 이를 개선에 반영하고 싶어. Customer Feedback Loop를 활용해 지속적으로 개선할 방법을 알려줄 수 있을까?"

5. Cohort Analysis AI 프롬프트:

"나는 A라는 비즈니스를 준비 중인데, 고객의 행동 패턴을 분석하여 솔루션의 적합성을 평가하고 싶어. Cohort Analysis를 활용해 고객 데이터를 기반으로 유의미한 통찰을 얻는 방법을 알려줄 수 있을까?"

5단계: 수익화 - 2가지

1) Lean Canvas AI 프롬프트: "나는 A라는 비즈니스를 준비 중인데, 고객 문제와 해결책, 수익 모델을 체계적으로 정리하지 못하고 있어. Lean Canvas를 활용해 간결한 비즈니스 모델을 설계하도록 도와줄 수 있을까?"

2) Business Model Canvas(BMC) AI 프롬프트: "나는 A라는 비즈니스를 준비 중인데, 전반적인 요소를 정리하고 체계적인 비즈니스 모델을 만들고 싶어. Business Model Canvas를 활용해 고객 세그먼트, 가치 제안, 수익 흐름 등을 설계하도록 도와줄 수 있을까?"

6단계: 측정 – 2가지

1. OKR(Objectives and Key Results) AI 프롬프트:

"나는 A라는 비즈니스를 준비 중인데, 명확한 목표를 설정하고 이를 평가할 수 있는 결과 지표를 설계하는 데 어려움을 겪고 있어. OKR (Objectives and Key Results)을 활용해 도전적인 목표와 구체적인 결과를 정의할 수 있도록 도와줄 수 있을까?"

2. 밸런스스스코어(Balanced Scorecard) AI 프롬프트:

"나는 A라는 비즈니스를 준비 중인데, 비즈니스 성과를 재무, 고객, 내부 프로세스, 학습과 성장 관점에서 체계적으로 관리하고 싶어. 균형성과표(Balanced Scorecard)를 활용해 성과를 효과적으로 측정하고 관리할 수 있도록 도와줄 수 있을까?"

한 장으로 끝내는 6단계 AI 비즈니스 씽킹 로드맵

6단계 Key Takeaway 로드맵

단계	장 제목(주제)	Key Takeaway(3줄 요약)
1단계	동기 – 비즈니스의 원동력은 어디서 오는가	– 비즈니스는 창업가의 동기에서 시작한다. – 고객 문제는 불편·좌절·반복 속에 숨어 있다. – AI는 동기를 구체적 목표와 실행 계획으로 바꿔준다.
2단계	문제 포착과 아이디어 ― 고객의 고통에서 시작하라	– 아이디어가 아닌 고객 문제에서 시작하라. – 문제는 고객의 불편·좌절·반복 속에 숨어 있다. – AI는 이 과정을 더 빠르고 쉽게 도와준다.
3단계	솔루션 ― 고객이 지갑을 여는 이유	– 고객은 문제 해결에 지갑을 연다. – 따라서 솔루션은 단순하고 명확해야 한다. – AI는 가치 제안을 구체적이고 차별화되게 구체화한다.
4단계	시장 검증 ― 누가 정말 이걸 원할까	– 시장은 가설을 시험하는 실험실이다. – 초기 반응과 데이터가 곧 해법의 생존을 결정한다. – AI는 작은 시장에서 빠른 검증을 돕는다.
5단계	수익화 ― 돈을 벌 수 없다면 비즈니스가 아니다	– 수익 모델이 없다면 비즈니스는 존재할 수 없다. – 공짜와 유료의 경계는 반드시 설계해야 한다. – AI는 가격 전략과 수익 구조를 정밀하게 지원한다.
6단계	측정 ― 성장을 증명하는 숫자와 스토리	– 비즈니스는 숫자로 성과를 증명한다. – 고객 경험은 스토리로 전해질 때 신뢰가 생긴다. – AI는 지표를 추적하고 성과를 시각화한다.

당신의 아이디어는 왜 돈이 되지 않는가

이 6단계 18가지는 AI 시대에 창업자가 반드시 점검해야 할 창업의 여정이다. 각 단계는 이론이 아니라, 고객 중심으로 비즈니스를 설계하고 검증하며 확장하는 실천 가이드다. 아래 Key Takeaway는 각 장의 핵심을 3줄로 요약한 것으로, 책을 다 읽은 후에도 반드시 기억해야 할 "창업 성공 공식"이다.

"비즈니스는 동기에서 시작해, 고객 문제를 발견하고, 해법을 설계하고, 시장에서 검증하고, 수익을 만들고, 숫자와 스토리로 증명하는 여정이다."

당신의
아이디어는 왜
돈이 되지
않는가

ⓒ 신병휘, 2026

초판 1쇄 발행 2026년 4월 20일

지은이　　신병휘
펴낸이　　이기봉
편집　　　좋은땅 편집팀
펴낸곳　　도서출판 좋은땅
주소　　　서울특별시 마포구 양화로12길 26 지월드빌딩 (서교동 395-7)
전화　　　02)374-8616~7
팩스　　　02)374-8614
이메일　　gworldbook@naver.com
홈페이지　www.g-world.co.kr

ISBN　979-11-388-5643-0 (03320)